A SUTIL ARTE DE LIGAR O F*DA-SE

MARK MANSON

A SUTIL ARTE DE LIGAR O F*DA-SE

TRADUÇÃO DE JOANA FARO

intrínseca

TÍTULO ORIGINAL
The Subtle Art of Not Giving a Fuck

PREPARAÇÃO
Marina Góes

REVISÃO
Giu Alonso
Milena Vargas
Daniel Austie

PROJETO GRÁFICO ORIGINAL
Joan Olson

ADAPTAÇÃO DE PROJETO GRÁFICO E DIAGRAMAÇÃO
Julio Moreira | Equatorium Design

ARTE DE CAPA
M-80 Design
Splash: pio3/Shutterstock

ADAPTAÇÃO DE CAPA
Aline Ribeiro | linesribeiro.com

CIP-BRASIL. CATALOGAÇÃO NA PUBLICAÇÃO
SINDICATO NACIONAL DOS EDITORES DE LIVROS, RJ

M249s
2. ed.

Manson, Mark
A sutil arte de ligar o f*da-se / Mark Manson ; tradução Joana Faro. - 2. ed. - Rio de Janeiro : Intrínseca, 2019.
160 p. ; 20 cm.

Tradução de: The subtle art of not giving a f*ck
ISBN 978-85-510-0433-3

1. Autorrealização. 2. Motivação (Psicologia). 3. Felicidade. 4. Sucesso. 5. Conduta. I. Faro, Joana. II. Título.

18-53982 CDD: 158.1
CDU: 159.947

[2019]

EDITORA INTRÍNSECA LTDA.
Rua Marquês de São Vicente, 99, 3º andar
22451-041 – Gávea
Rio de Janeiro – RJ
Tel./Fax: (21) 3206-7400
www.intrinseca.com.br

Sumário

1

Nem tente

Charles Bukowski era alcóolatra, mulherengo, viciado em jogo, grosseirão, sovina, preguiçoso e, em seus piores dias, poeta. Ele seria a última pessoa no mundo a quem você pediria conselhos ou que esperaria encontrar em um livro de autoajuda.

É por isso que ele é o ponto de partida perfeito.

Bukowski queria ser escritor, mas passou décadas sendo rejeitado por quase todas as revistas, jornais, agentes e editoras que procurou. Seu trabalho era horrível, diziam. Bruto. Repugnante. Obsceno. E, conforme as cartas de recusa se acumulavam, o peso do fracasso o fazia afundar cada vez mais na depressão movida a álcool que o acompanharia por quase toda a vida.

Bukowski trabalhava nos Correios. O salário era ridículo, e ele gastava quase tudo em bebida; o pouco que sobrava, apostava em corridas de cavalos. À noite, bebia sozinho, às vezes escrevendo poemas em sua velha e surrada máquina de escrever. Não raro acordava no chão, tendo apagado de tão bêbado.

Três décadas se passaram assim, resumidas a um grande borrão de álcool, drogas, jogatina e prostitutas. Até que, aos cinquenta anos, após toda uma vida de fracassos e autodepreciação, o editor de uma pequena editora independente desenvolveu um estranho interesse por ele. O editor não podia oferecer muito dinheiro nem prometer boas vendas, mas demonstrava uma afeição incomum por aquele bêbado imprestável e decidiu arriscar. Era a primeira chance real que Bukowski tinha e, como ele se deu conta, provavelmente a única. Ele respondeu ao editor: "Eu tenho duas opções: ficar nos Correios e enlouquecer… ou dar uma de escritor e morrer de fome. Decidi morrer de fome."

Três semanas depois de assinar o contrato, Bukowski tinha o primeiro romance pronto. Chamava-se *Cartas na rua*. A dedicatória foi "a ninguém".

Bukowski se tornou um escritor e poeta muito bem-sucedido. Publicou seis romances e centenas de poemas, vendendo no total mais de dois milhões de exemplares. Sua popularidade desafiou todas as expectativas, principalmente as dele próprio.

Histórias como a de Bukowski são a base de nossa narrativa cultural. Sua trajetória personifica o Sonho Americano: lute pelo que você quer e nunca desista, e assim alcançará seus sonhos mais loucos. É um roteiro de filme pronto. Todos nós, ao olharmos para histórias como a de Bukowski, dizemos: "Viu? Ele nunca desistiu. Continuou tentando. Sempre acreditou em si mesmo. Persistiu até nas adversidades e chegou lá!"

Então, é estranho que o epitáfio de Bukowski seja: "Nem tente."

Pois é. Apesar das vendas e da fama, Bukowski era um fracassado. Ele sabia disso. Seu sucesso não brotou de uma grande vontade de vencer na vida, mas da consciência do contrário: ele *sabia* que era um fracassado, aceitava o fato e escrevia honestamente sobre isso. Nunca tentou ser quem não era. A obra de Bukowski não se sustenta na ideia de superar obstáculos impensáveis nem de se empenhar para ser um gênio literário. É o oposto: seu sucesso vem da completa e inabalável honestidade consigo mesmo (sobretudo em relação às piores partes) e da capacidade de falar abertamente sobre seus fracassos, sem hesitação ou dúvida.

Esta é a verdadeira origem do sucesso de Bukowski: sentir-se confortável com o fracasso. Ele estava pouco se lixando para ser bem-sucedido. Mesmo depois da fama, continuava indo a leituras de poesia caindo de bêbado e xingava a plateia. Ainda se expunha em público e tentava transar com qualquer mulher que via pela frente. Fama e sucesso não fizeram dele uma pessoa melhor, e não foi se tornando uma pessoa melhor que ele alcançou fama e sucesso.

Muitas vezes, o autoaprimoramento e o sucesso andam de mãos dadas. Não significa que sejam a mesma coisa.

A cultura em que vivemos hoje nutre obsessivamente expectativas pouco realistas. Ser mais feliz. Ser mais saudável. Ser o melhor, superior aos outros. Ser mais inteligente, mais rápido, mais rico, mais bonito, mais popular, mais produtivo, mais invejado e mais admirado. Ser perfeito, incrível e cagar pepitas de ouro de doze quilates antes de beijar uma esposa impecável e dois filhos perfeitos no café da manhã. Depois, ir de helicóptero para seu emprego extremamente gratificante, onde você passa os dias fazendo um trabalho importantíssimo que um dia ainda vai salvar o planeta.

No entanto, se pararmos para pensar, os conselhos de vida mais comuns — aquelas mensagens positivas e felizes de autoajuda que ouvimos o tempo todo — na verdade se concentram no que *não temos*. Eles miram direto *no que já vemos como falhas e fracassos pessoais*, só para torná-los ainda piores aos nossos olhos. Só aprendemos as melhores maneiras de ganhar dinheiro *porque* achamos que não temos o suficiente. Só paramos diante do espelho e repetimos para nós mesmos que somos bonitos *porque* não nos achamos bonitos. Só seguimos dicas de namoros e relacionamentos *porque* achamos impossível sermos amados. Só fazemos exercícios ridículos de visualização de sucesso *porque* não nos sentimos bem-sucedidos.

Ironicamente, essa fixação no positivo, no que é melhor ou superior, só serve como um lembrete do que não somos, do que nos falta, do que já deveríamos ter conquistado mas não conseguimos. Afinal de contas, nenhuma pessoa realmente feliz sente necessidade de ficar falando que é feliz para si mesma no espelho. Ela simplesmente é.

Há um ditado que diz: "Cão que ladra não morde." Um homem confiante não precisa provar que é confiante. Uma mulher rica não tem necessidade de convencer ninguém de que é rica. Ou você é ou não é. E se você passa o tempo todo sonhando em ser alguma coisa, está inconscientemente reforçando a mesma realidade: você *não é aquilo*.

Todo mundo e todos os programas de TV querem nos convencer de que a felicidade depende de um emprego melhor, um carro mais potente, uma namorada mais bonita, uma jacuzzi, uma piscina para os filhos. O mundo não cansa de indicar um caminho para a felicidade que se resume a mais e mais e mais: compre mais, tenha mais, faça mais, transe mais, *seja* mais. Somos constantemente bombardeados com a necessidade de ter tudo o tempo todo. Você precisa de uma TV nova. Você precisa fazer uma viagem de férias melhor que as dos seus colegas de trabalho. Você precisa comprar um móvel sofisticado para sua sala. Você precisa do tipo certo de pau de selfie.

Por quê? Meu palpite: porque criar necessidades é bom para os negócios.

Nada contra bons negócios, mas ter necessidades demais faz mal para sua saúde mental. Você acaba se agarrando demais ao que é superficial e falso, dedicando a vida à meta de alcançar uma miragem de felicidade e satisfação. O segredo para uma vida melhor não é precisar de mais coisas; é se importar com menos, e apenas com o que é verdadeiro, imediato e importante.

O Círculo Vicioso Infernal

O cérebro humano tem uma peculiaridade traiçoeira que, se não tomarmos cuidado, pode nos enlouquecer. Veja se isto lhe é familiar:

Você está ansioso porque precisa confrontar alguém. Essa ansiedade o domina, e você começa a se perguntar por que está tão ansioso. Agora, você está *ansioso por medo de ficar mais ansioso*. Ah, não! Ansiedade em dose dupla! E aí você fica ansioso com a sua ansiedade, o que causa ainda *mais* ansiedade. Um uísque, rápido!

Ou então, digamos que o problema seja a raiva. Você se irrita com as coisas mais idiotas e triviais e não sabe por quê. E essa tendência a se irritar tão facilmente só o deixa mais irritado. E aí, em meio a essa raiva estúpida, você se sente vazio e cruel por estar sempre zangado, o que é terrível; tão terrível que você fica com raiva de si mesmo. Olhe o seu estado: você se irrita por se irritar com a própria irritação. Quer saber? Vou ali socar uma parede.

Ou você se preocupa tanto em fazer a coisa certa o tempo todo que começa a se preocupar com seu nível de preocupação. Ou se culpa tanto por seus erros que começa a ficar culpado por carregar tanta culpa. Ou se sente triste e sozinho com tanta frequência que só de pensar nisso acaba triste e sozinho mais uma vez.

Bem-vindo ao Círculo Vicioso Infernal. É provável que você já tenha passado por isso algumas vezes. Talvez esteja nele agora mesmo: "Nossa, eu entro no Círculo Vicioso Infernal toda hora... Sou mesmo um imbecil. Preciso parar com isso. É muita imbecilidade eu mesmo me achar imbecil. Tenho que parar de me chamar de imbecil. Ah, droga! Já estou fazendo de novo! Viu? Sou um imbecil! Argh!"

Calma, amigo. Acredite ou não, isso faz parte da beleza de ser humano. São poucos os animais capazes de formar pensamentos lógicos, e nós, humanos, temos o luxo adicional de conseguir pensar sobre nossos pensamentos. Assim, posso pensar em assistir a uns vídeos da Miley Cyrus no YouTube e logo depois pensar que sou um pervertido por querer assistir a vídeos da Miley Cyrus no YouTube. Ah, o milagre da consciência!

O problema é o seguinte: a sociedade atual, através das maravilhas da cultura do consumo e do exibicionismo de vidas incríveis nas redes sociais, produziu uma geração inteira que enxerga esses sentimentos negativos (ansiedade, medo, culpa etc.) como problemas. Veja bem, quando você abre o Facebook, vê todo mundo chafurdando em felicidade até não poder mais. Caramba, oito pessoas se casaram essa semana! E uma garota de dezesseis anos ganhou uma Ferrari de aniversário num programa de TV. E um moleque acabou de faturar dois bilhões de dólares por ter inventado um aplicativo que resolve imediatamente o problema quando o papel higiênico acaba.

E você em casa coçando o saco. É inevitável pensar que sua vida é ainda pior do que imaginava.

O Círculo Vicioso Infernal é praticamente uma epidemia, deixando muita gente estressada, neurótica e odiando a si mesma.

Nos tempos dos nossos avós, quando ficavam na merda, as pessoas pensavam: "Puxa, estou me sentindo o cocô do cavalo do bandido. Bom, é a vida! Vou voltar para a minha lavoura."

E hoje? Hoje em dia, se você fica na merda por cinco minutos que seja, é bombardeado com trezentas e cinquenta imagens de gente *absurdamente feliz com uma vida maravilhosa da porra*, e é impossível não sentir que tem algo errado com você.

Essa última parte é a fonte do problema. Ficamos mal por estarmos mal; nos culpamos por nos culparmos. Ficamos irritados com nossa irritação; ansiosos com nossa ansiedade. *Qual é o meu problema?*

Daí a importância de ligar o foda-se. É isso que vai nos salvar, nos fazendo aceitar que o mundo é uma doideira e que tudo bem, porque sempre foi assim e sempre será.

Quando você está pouco se fodendo para seu mal-estar, você faz o Círculo Vicioso Infernal entrar em curto-circuito. "Eu estou na pior, mas e daí?" Então, como se fosse salpicado por um pó mágico de desprendimento, você para de se odiar por se sentir tão mal.

George Orwell disse que enxergar o que está diante do nariz exige um esforço constante. Bom, a solução para o estresse e a ansiedade é óbvia, e não percebemos porque estamos ocupados vendo pornô e propagandas de aparelhos para abdominais que não funcionam enquanto nos perguntamos por que não temos um tanquinho e não transamos com mulheres lindas.

Na internet, fazemos piadas sobre os problemas do mundo moderno, mas a verdade é que nos tornamos vítimas do nosso próprio privilégio. Problemas de saúde decorrentes de estresse, transtornos de ansiedade e casos de depressão dispararam nos últimos trinta anos, apesar de todo mundo ter uma TV de tela plana e pedir comida em casa. Nossa crise não é mais material; é existencial, espiritual. Temos tanta tralha e tantas oportunidades que nem sabemos mais o que realmente importa.

Porque agora, ao mesmo tempo que temos infinitos meios de ver e aprender coisas novas, temos também infinitos meios de descobrir que não estamos à altura das expectativas, que não somos bons o suficiente, que nossa situação não é tão satisfatória quanto poderia ser. E isso nos corrói por dentro.

Porque tem algo muito errado com toda essa ladainha de "como ser feliz" que já foi compartilhada umas oito milhões de vezes no Facebook nos últimos anos. O que ninguém vê em toda essa babaquice é:

> **O desejo de ter mais experiências positivas é, em si, uma experiência negativa. E, paradoxalmente, a aceitação da experiência negativa é, em si, uma experiência positiva.**

Isso é de enlouquecer qualquer um. Então vou lhe dar um minuto para ler de novo e clarear seu cérebro: *Desejar sentimentos positivos é um sentimento negativo; aceitar os sentimentos negativos é um sentimento positivo*. É a isso que o filósofo Alan Watts se refere como "lei do esforço invertido": a ideia de que quanto mais tentamos nos sentir bem o tempo todo, mais insatisfeitos ficamos, pois a busca por alguma coisa só reforça o fato de que não a temos. Quanto mais você se desespera para ser rico, mais pobre e indigno se sente, seja qual for sua renda. Quanto mais você se desespera para ser bonito e desejado, mais feio se considera, seja qual for sua aparência. Quanto mais você se desespera para ser feliz e amado, mais sozinho e aflito fica, não importa com quem esteja. Quanto mais espiritualizado quer ser, mais egocêntrico e superficial se torna no processo.

É como na vez em que tomei ácido. Quanto mais eu andava em direção a uma casa, mais a casa se afastava. E, sim, usei minhas alucinações de LSD para fazer uma consideração filosófica sobre a felicidade. Foda-se.

Como disse o existencialista Albert Camus (e tenho quase certeza de que ele não usava LSD): "Você nunca será feliz se insistir em tentar descobrir o que é a felicidade. Você nunca viverá verdadeiramente se estiver procurando o sentido da vida."

Em resumo:

Nem tente.

Eu sei o que você está pensando: "Mark, essas suas ideias são muito excitantes, mas e o Camaro para o qual estou economizando? E toda a fome que passei para ficar em forma? Olha, aquela academia é cara! E a casa de praia dos meus sonhos? Se eu ligar o foda-se para essas coisas... Bem, nunca vou conseguir *nada*. Não é isso que eu quero."

Que bom que você tocou nessa questão.

Já percebeu que, às vezes, quando você se importa *menos* com alguma coisa, acaba se saindo melhor? Já notou que geralmente é a pessoa menos empenhada que acaba se dando bem? Já reparou que às vezes, quando você para de se importar tanto, tudo começa a entrar nos eixos?

Por que isso acontece?

O interessante sobre a lei do esforço invertido é que ela não tem esse nome à toa: ligar o foda-se funciona ao contrário. Se buscar o positivo *é* negativo, então buscar o negativo gera o positivo. O sofrimento que você passa na academia lhe dá mais saúde e energia. Os erros que você comete no trabalho permitem que você compreenda melhor o que é preciso para ser bem-sucedido. Paradoxalmente, lidar abertamente com suas inseguranças torna você mais confiante e carismático. O incômodo de um confronto honesto é o que gera maior confiança e respeito. Enfrentar seus medos e suas ansiedades é o que vai fazer você criar coragem e perseverança.

Sério, eu poderia falar disso por horas, mas acho que já deu para entender. *Tudo que vale a pena na vida só é obtido ao superar o sentimento negativo associado a ele.* Toda tentativa de escapar do negativo, de evitá-lo, suprimi-lo ou silenciá-lo sai pela culatra. Evitar o sofrimento *é* uma forma de sofrimento. Evitar dificuldades *é* uma dificuldade. Negar o fracasso *é* fracassar. Esconder o que é vergonhoso *é*, em si, causa de vergonha.

O sofrimento é um fio inextricável que compõe o tecido da vida, e arrancá-lo não só é impossível como também é destrutivo: tentar desmantela todo o resto. O esforço para evitar o sofrimento é dar atenção demais a ele. Em contrapartida, se você conseguir ligar o foda-se, torna-se imbatível.

Eu mesmo já me importei com muitas coisas, mas também já liguei o foda-se para várias outras. E, assim como o caminho não percorrido, foram meus foda-se que fizeram toda a diferença.

Talvez você conheça alguém que, em algum momento, tenha ligado o foda-se e depois realizado um feito incrível. Talvez tenha havido uma época na sua vida em que você simplesmente ligou o foda-se e alcançou algo extraordinário. Por exemplo, me demitir do meu emprego na área de finanças depois de apenas seis semanas para abrir uma empresa na internet tem um lugar de honra no meu hall da fama do foda-se. O mesmo vale para a época em que decidi vender quase tudo que tinha e ir morar na América do Sul. As consequências? Foda-se. Fui lá e fiz.

Esses momentos em que jogamos tudo para o alto são os mais decisivos na vida. As maiores guinadas na carreira; a decisão espontânea de largar a faculdade e formar uma banda de rock; a iniciativa de finalmente dar um pé na bunda daquele namorado parasita.

Ligar o foda-se é encarar os desafios mais assustadores e mais difíceis da vida e agir.

Superficialmente, ligar o foda-se pode até parecer simples, mas no fundo a história é outra. Quase todos passamos a vida em suplício por nos importarmos demais em situações que merecem o botão do foda-se. Perdemos tempo ruminando a grosseria do atendente em nos dar o troco em moedas. Ficamos loucos quando uma série de TV que acompanhamos é cancelada. Ficamos putos se ninguém no trabalho pergunta como foi o fim de semana justamente quando fizemos programas incríveis.

Enquanto isso, o cartão de crédito estourou, nosso cachorro nos odeia e nosso filho está cheirando no banheiro, mas mesmo assim estamos irritados com moedinhas e *Everybody Loves Raymond.*

Presta atenção: você vai morrer um dia. Eu sei que é meio óbvio, mas só queria dar uma refrescada na sua memória. Você e todo mundo que você conhece estarão mortos em breve. E, no curto período entre o agora e o dia da sua morte, você só pode se importar com uma quantidade limitada de coisas. Bem poucas, na verdade. Se sair por aí se importando com tudo e todos sem critério algum, vai acabar se ferrando.

Ligar o foda-se é uma arte sutil. Sei que esse conceito pode parecer ridículo e que eu talvez soe como um babaca, mas estou falando de aprender a direcionar e priorizar seus pensamentos de maneira efetiva: escolher o que é importante e o que não é, com base em seus valores pessoais. Isso é *bem* difícil. Você vai precisar de um bom tempo de prática e disciplina, e muitas vezes não vai conseguir. Mas talvez seja a habilidade pessoal que mais vale o esforço. Talvez a *única.*

Isso porque, quando o foda-se não está acionado — quando você se importa com tudo e todos —, acaba vivendo como se tivesse o direito inalienável de se sentir confortável e feliz o tempo todo, como se tudo tivesse a obrigação de ser exatamente do jeito que *você* quer. Isso é uma doença e vai te comer vivo. Toda adversidade será vista como injustiça; todo desafio, como fracasso; todo inconveniente, como ofensa pessoal; toda divergência, como traição. Vai viver confinado a um inferno de mesquinhez dentro da sua cabeça, ardendo em presunção e arrogância, preso em seu Círculo Vicioso Infernal, em constante movimento mas sem chegar a lugar algum.

A sutil arte de ligar o foda-se

Quando se fala em ligar o foda-se, as pessoas imaginam que seja uma serena indiferença em relação a tudo, uma calmaria capaz de anular todas as tempestades. Elas se imaginam e desejam ser pessoas que não se abalam com nada e não se submetem a ninguém.

Existe um nome para pessoas que não sentem nem veem significado em nada: psicopatas. Não faço ideia por que alguém iria querer ser um deles.

Então, se não é isso, *o que é* ligar o foda-se? Vamos avaliar três "sutilezas" que ajudarão a esclarecer essa questão.

Sutileza nº 1: Ligar o foda-se não significa ser invulnerável, mas se sentir confortável com a vulnerabilidade.

Que fique claro: não existe absolutamente nada admirável na indiferença, não é uma questão de autoconfiança. Pessoas indiferentes são fracas e medrosas. São parasitas preguiçosos ou trolls da internet. Na verdade, pessoas indiferentes cultivam a indiferença porque não sabem ligar o foda-se. Elas se importam tanto com o que os outros acham do seu cabelo que nunca se dão ao trabalho de lavá-lo e penteá-lo; se importam tanto com o que as pessoas pensam de suas ideias que se escondem atrás do sarcasmo e se comportam como as donas da verdade. Têm medo de deixar os outros se aproximarem, então se convencem de que são floquinhos de neve especiais e únicos, com problemas que ninguém entenderia.

Pessoas indiferentes têm medo do mundo e da repercussão de suas escolhas. É por isso que não tomam decisões importantes. Escondem-se no apático poço cinzento de egocentrismo e autopiedade que criaram, distraindo-se eternamente dessa coisa insuportável chamada vida, que exige tanto tempo e energia.

Porque existe uma verdade secreta sobre a vida: é impossível ligar o foda-se para ela. *Com alguma coisa a gente tem que se importar*. É parte da nossa natureza se importar com as coisas e, portanto, não recorrer ao foda-se.

Sendo assim, a pergunta é: com *o que* se importar? Como *escolher* o que importa? E como ligar o foda-se para todo o resto?

Há pouco tempo, um amigo da minha mãe roubou uma boa quantia de dinheiro dela. Se eu fosse indiferente, teria dado de ombros, tomado um gole do meu cappuccino e baixado mais uma temporada de *The Wire*. Que pena, mãe.

Mas não; eu fiquei indignado. Fiquei furioso. Eu falei: "Vamos atrás dele e meter um processo nesse filho da puta. Como assim por quê? Que se foda! Vou acabar com a vida desse cara se for preciso."

Essa situação ilustra a primeira sutileza do foda-se. Quando dizemos: "Nossa, cuidado, o Mark Manson está pouco se fodendo", não estamos dizendo que o Mark Manson não liga para *nada*. Pelo contrário: estamos dizendo que o Mark Manson não está nem aí para os obstáculos que o separam de seus objetivos, não quer saber se vai irritar algumas pessoas para fazer o que considera certo, importante ou nobre. Estamos falando que o Mark Manson é o tipo de cara que escreve sobre si mesmo na terceira pessoa só porque quer. Ele está pouco se fodendo.

Isso é o mais admirável. Não, não eu, seu tonto — o conceito de superar as adversidades e a disposição de ser diferente, excluído, um pária, tudo em nome dos valores pessoais. A capacidade de encarar o fracasso de peito aberto. É admirável quem liga o foda-se para os problemas, para as derrotas, para o risco de fazer papel de bobo ou de se dar mal algumas vezes. Quem ri do perigo e segue em frente. Porque sabe que é certo. Sabe que é mais importante que si mesmo, mais importante que seus sentimentos, seu orgulho e seu ego. Essas pessoas não dizem "foda-se" para tudo na vida, e sim para tudo que é *dispensável* na vida. Elas guardam sua preocupação para o que realmente importa. Amigos. Família. Objetivos. Pizza. E um processo judicial de vez em quando. (E por isso, por elas reservarem seus "foda-se" para o que não importa, os outros passam a se importar com elas.)

Porque eis outra verdade secreta sobre a vida: não tem como ser importante e transformador para algumas pessoas sem ser uma piada e um constrangimento para outras. É impossível, porque não existe ausência de adversidade. Não existe e pronto. Dizem que, aonde quer que você vá, há uma tonelada de adversidades e fracassos esperando. Esse não é o problema. A ideia não é fugir das merdas. É descobrir com qual tipo de merda você prefere lidar.

Sutileza nº 2: Se quiser ligar o foda-se para as adversidades, primeiro você precisa se importar com algo mais importante que elas.

Imagine que você está no supermercado e vê uma senhorinha gritar com o caixa, reclamando que tinha visto um produto na promoção por trinta centavos a menos. Por que se importar com isso? São só trinta centavos.

Vou explicar: aquela senhora não deve ter nada melhor para fazer com seus dias além de ficar em casa catando promoções no jornal. Ela é velha e solitária. Os filhos são uns escrotos que nunca a visitam. Ela não transa há mais de trinta anos. Não consegue peidar sem sentir uma dor horrorosa na lombar. Sua aposentadoria não dá para nada, e ela provavelmente vai morrer de fralda achando que está na Terra das Fadas.

Então, ela coleciona promoções. É tudo que essa senhora tem. Só ela e os encartes de promoções. É só com isso que ela se importa, porque não *existe* mais nada com que se importar. Assim, quando aquele caixa entediado se recusa a validar a promoção, quando defende a pureza de sua caixa registradora como os cavaleiros medievais defendiam a virgindade das donzelas, pode apostar que a vovó vai entrar em erupção. Oitenta anos de frustração vão desmoronar de uma vez, uma furiosa tempestade de "Na minha época" e "Ninguém mais tem respeito".

O problema das pessoas que se agarram a qualquer banalidade como se daquilo dependesse sua maldita vida é que elas não têm mais nada interessante com que se importar.

Se você estiver sempre dando importância demais para tudo quanto é coisinha (a nova foto que seu ex postou, as pilhas do controle remoto que acabaram de novo, a promoção de sabonete líquido que você perdeu), é bem possível que sua vida esteja um marasmo e você não tenha nada legítimo com que se importar. Esse é seu verdadeiro problema. Não o sabonete líquido. Não o controle remoto.

Uma vez, ouvi um artista dizer que quando uma pessoa não tem problemas a mente automaticamente encontra um jeito de inventar alguns. A meu ver, o que algumas pessoas — sobretudo gente branca, culta e mal-acostumada de classe média — consideram "problemas da vida" são na verdade apenas efeitos colaterais de não ter nada mais importante com que se preocupar.

Daí se conclui que encontrar algo importante e significativo para a sua vida talvez seja o uso mais produtivo de seu tempo e sua energia. Porque, se você não encontrar algo relevante de verdade, vai se importar com causas frívolas que mereciam um grande foda-se.

Sutileza nº 3: Perceba você ou não, estamos sempre escolhendo o que realmente importa.

Não nascemos com o botão do foda-se ligado. Na verdade, nascemos com o botão funcionando ao contrário: nos importando com tudo. Nunca viu uma criança se descabelando de chorar porque o tênis é do tom errado de azul? Pois é. Foda-se essa criança.

Quando somos jovens, tudo é novo e empolgante, e tudo parece absurdamente significativo. Aí damos importância a tudo. Ligamos para tudo e todos: o que estão falando de nós, ou se aquele garoto ou garota vai ligar, se estamos usando meias do mesmo par, de que cor são nossos balões de aniversário.

Conforme envelhecemos, com o benefício da experiência (e depois de ver tanto tempo passar), começamos a notar que grande parte dessas coisas não interfere em nada em nossa vida. Nem convivemos mais com aquelas pessoas que tanto tentávamos impressionar. Rejeições dolorosas se mostraram positivas depois. Percebemos que as pessoas mal reparam em nossos detalhes superficiais, então decidimos não pensar demais neles.

Basicamente, nossa disposição emocional se torna mais seletiva. Isso se chama maturidade. É legal. Você deveria experimentar qualquer dia desses. Maturidade é o que acontece quando aprendemos a só ligar para o que vale a pena. Como disse Bunk Moreland para o parceiro, o detetive McNulty, em *The Wire* (que eu baixei mesmo, foda-se): "É isso o que você ganha por se importar quando não estava na sua vez."

Então, quando envelhecemos e chegamos à meia-idade, outra mudança acontece. O nível de energia cai. A identidade se consolida. Sabemos quem somos e nos aceitamos, mesmo o que não é lá muito bacana.

E, por mais estranho que pareça, isso é libertador. Não precisamos mais nos importar com tudo. A vida é assim. E nós a aceitamos, com defeitos e tudo. Percebemos que nunca vamos desenvolver a cura para o câncer, nunca iremos à Lua nem sairemos com a Jennifer Aniston. E tudo bem. Vida que segue. Passamos a reservar nossa preocupação cada vez mais escassa ao que realmente merece atenção: família, melhores amigos, pontuação no golfe. E, para nossa perplexidade, isso *basta*. Na verdade, ficamos felizes pra cacete depois dessa simplificação, e por um bom tempo. E começamos a pensar que talvez aquele bêbado maluco do Bukowski soubesse do que estava falando. *Nem tente.*

Mas então, Mark, para que serve essa droga de livro, afinal?

Este livro vai ajudar você a pensar um pouco mais claramente sobre o que elege como importante na sua vida e o que considera insignificante.

Acredito que estamos enfrentando uma epidemia de cegueira psicológica que faz as pessoas não enxergarem que é normal as coisas darem errado de vez em quando. Sei que parece ser simplesmente preguiça intelectual, mas juro que é quase uma questão de vida ou morte.

Porque, quando acreditamos que nada deveria dar errado, inconscientemente começamos a nos culpar. Começamos a desconfiar que tem alguma coisa errada com a gente, o que nos leva a todo tipo de absurdo na tentativa de reverter isso, como comprar quarenta pares de sapatos, tomar calmante com vodca numa noite de terça-feira ou atirar num ônibus escolar cheio de criancinhas.

Essa crença de que não conseguir uma coisa ou outra é um problema acaba alimentando o crescente Círculo Vicioso Infernal, que ameaça dominar nossa cultura.

A ideia de ligar o foda-se é um jeito simples de reorientar nossas expectativas e descobrir o que é ou não importante na vida. Quando desenvolvemos essa habilidade, experimentamos o que considero uma espécie de "iluminação prática".

Não, não aquela iluminação babaca e idealista do êxtase eterno e do fim de toda a dor. Eu vejo a iluminação prática como a possibilidade de se sentir confortável com a ideia de que um pouco de sofrimento é sempre inevitável — que, por mais que nos esforcemos, a vida é feita de fracassos, perdas, arrependimentos e até morte. Quando você passa a se sentir confortável com toda a merda que a vida joga na sua cara (e ainda vai rolar muita merda, pode acreditar), você se torna invencível, num sentido levemente (bem levemente) espiritual. Afinal de contas, o único jeito de superar a dor é aprender a suportá-la.

Este livro está pouco se fodendo para o alívio dos seus problemas ou da sua dor, e é exatamente por isso que você vai perceber que o que está escrito aqui é verdade. Este livro não é um guia para a grandeza — não poderia ser, porque a grandeza é apenas uma ilusão criada pela nossa mente, um destino fictício que nos obrigamos a buscar, nossa Atlântida psicológica.

Esse método vai transformar sua dor numa ferramenta; seu trauma, em poder; seus problemas, em problemas ligeiramente menores. Isso já é alguma coisa. Pense neste livro como um guia para o sofrimento, que ensina a sofrer da melhor forma, com mais significado, mais compaixão e mais humildade. A ideia é que você tenha uma vida mais leve apesar dos fardos que carrega, que conviva melhor com seus maiores medos e ria das lágrimas enquanto chora.

Este livro não vai ensiná-lo a subir na vida ou alcançar seus objetivos, e sim a errar e perder sem se destruir por isso. Vai ensiná-lo a fazer um inventário de sua vida, identificar os itens mais importantes e então eliminar todo o resto. Vai ensiná-lo a fechar os olhos e confiar que é possível escorregar e não sofrer nada grave. Vai ensiná-lo a direcionar sua atenção para evitar desperdiçá-la. Vai ensiná-lo a nem tentar.

2

A felicidade é um problema

Há uns dois mil e quinhentos anos, num palácio localizado no sopé himalaio do atual Nepal, vivia um rei que seria pai. O rei tinha um objetivo bastante grandioso para o filho: tornar a vida da criança perfeita. O menino não passaria por um único momento de dor, todas as suas necessidades e todos os seus desejos seriam atendidos prontamente.

O rei mandou que construíssem muros altos ao redor do palácio, para que o príncipe jamais conhecesse o mundo lá fora. Ele mimava o menino, cobrindo-o de comida e presentes, cercando-o de servos que atendiam a todos os seus caprichos. Como planejado, a criança cresceu alheia à crueldade habitual da existência humana.

Toda a infância do menino foi assim. Mas, apesar do luxo e da opulência infinitos, o príncipe se tornou um jovem meio estressado. Em pouco tempo, todas as experiências lhe pareciam vazias e sem valor. Por mais que o pai lhe desse, nada era suficiente e nunca *significava* nada.

Até que, certa madrugada, o príncipe saiu do palácio às escondidas, para descobrir o que havia além dos muros. Ele ordenou que um criado o conduzisse pelo vilarejo local, e o que viu deixou o rapaz horrorizado.

Pela primeira vez na vida, o príncipe conheceu o sofrimento. Viu doentes, velhos, moradores de rua, sofredores e até mortes.

O príncipe voltou ao palácio e entrou numa espécie de crise existencial. Sem saber como lidar com o que tinha visto, ficou todo emo e reclamão. E, como é típico dos jovens, acabou culpando o pai exatamente por tudo que o rei tentara fazer por ele. As riquezas, concluiu o príncipe, eram o que o tinham deixado tão infeliz, impedindo-o de encontrar sentido na vida. Ele decidiu fugir.

O príncipe só não contava que fosse tão parecido com o pai: ele também tinha ideias grandiosas. Assim, decidiu não só fugir como também abrir mão da nobreza, da família e de todas as posses para viver nas ruas, dormindo na imundície como um animal. Nas ruas, ele passaria fome, sofreria e mendigaria por comida pelo resto da vida.

Na noite seguinte, o príncipe saiu escondido de novo, desta vez para nunca mais voltar. Durante anos ele viveu como mendigo, um refugo descartado e esquecido da sociedade, o cocô de cachorro grudado no sapato da hierarquia social. E, como planejado, o príncipe sofreu muito. Enfrentou doenças, fome, dor, solidão e fraqueza. Ficou à beira da morte, muitas vezes sobrevivendo o dia inteiro com uma única noz.

Alguns anos se passaram. E mais outros. Até que... nada aconteceu. O príncipe percebeu que aquela vida de provações não era aquilo tudo que prometia. Não levava a sua desejada iluminação. Não revelava nenhum mistério mais profundo a respeito do mundo ou do propósito da vida.

Em outras palavras, o príncipe percebeu o que todo mundo meio que já sabia: sofrer é uma merda, e não necessariamente se traduz em algo significativo. Seja na riqueza ou na pobreza, não existe valor no sofrimento quando não há um propósito. Daí foi um pulo para o príncipe chegar à conclusão de que sua ideia tão grandiosa, assim como a do pai, era uma bela bosta, e de que ele deveria fazer outra coisa da vida.

Muito confuso, o príncipe se limpou e, encontrando uma grande árvore perto do rio, decidiu se sentar à sombra e só se levantar quando tivesse outra grande ideia.

Reza a lenda que o príncipe confuso ficou debaixo da árvore por quarenta e nove dias. Não vamos entrar na questão da viabilidade biológica de ficar sentado no mesmo lugar por quarenta e nove dias; digamos que durante esse período o príncipe foi tocado por diversas verdades muito profundas.

Uma delas foi a seguinte: a vida em si já é uma forma de sofrimento. Os ricos sofrem por serem ricos. Os pobres sofrem por serem pobres. Pessoas sem família sofrem por não terem família. Pessoas com família sofrem por causa da família. Pessoas que buscam os prazeres mundanos sofrem por causa dos prazeres mundanos. Pessoas que se abstêm dos prazeres mundanos sofrem por se absterem.

Isso não significa que todo sofrimento seja igual. Sem dúvida, alguns são mais dolorosos que outros, mas mesmo assim todos nós sofremos.

Anos depois, o príncipe formularia toda uma nova filosofia de vida e a transmitiria ao mundo, e este seria o princípio central: devemos parar de tentar resistir à dor e à perda, pois são inevitáveis. O príncipe se tornaria conhecido como Buda. E, se você nunca ouviu falar dele, saiba que Buda não foi pouca coisa.

Existe uma premissa básica em muitas de nossas conjecturas e crenças. Ela postula que a felicidade é algorítmica, que pode ser buscada, merecida e alcançada como se estivéssemos entrando na faculdade de direito ou montando um complicado conjunto de Lego. Se eu conseguir X, serei feliz. Se eu tiver a aparência Y, serei feliz. Se eu conquistar uma pessoa como Z, serei feliz.

Essa premissa é o *problema*. A felicidade não é uma equação que possa ser solucionada. A insatisfação e a inquietude são inerentes à natureza humana e, como veremos, componentes necessários para se criar uma felicidade consistente. Buda sustentou isso a partir de uma perspectiva teológica e filosófica. Vou defender o mesmo argumento neste capítulo, mas de uma perspectiva biológica, com pandas.

As desventuras do Panda da Desilusão

Se eu pudesse inventar um super-herói, seria o Panda da Desilusão. Com uma máscara cafona nos olhos e uma camiseta que não cobriria sua enorme barriga de panda, ele teria o superpoder de dizer às pessoas duras verdades sobre si mesmas. Verdades que elas precisam ouvir, mas não querem aceitar.

O Panda da Desilusão iria de porta em porta como um vendedor de Bíblias, tocando a campainha e dizendo coisas como "Claro, ganhar muito dinheiro faz você se sentir bem, mas não vai conquistar o amor dos seus filhos", ou "Se você precisa pensar antes de responder se confia na sua esposa, é porque não confia", ou "O seu conceito de 'amizade' não passa de constantes tentativas de impressionar os outros". Em seguida, ele desejaria um bom-dia a quem o atendeu e seguiria muito pimpão para a casa seguinte.

Seria incrível. E doentio. E triste. E inspirador. E necessário. Afinal de contas, as maiores verdades da vida são as mais desagradáveis de se ouvir.

O Panda da Desilusão seria o herói que ninguém deseja, mas de que muitos precisam. Ele seria a salada verbal no fast-food da nossa alimentação mental. Tornaria nossa vida melhor, apesar de nos deixar deprimidos por um tempo. Ele nos deixaria mais fortes ao nos destroçar, iluminaria nosso futuro ao nos mostrar a escuridão. Ouvir o que o Panda tem a dizer seria como ver um filme em que o protagonista morre no final: apesar das lágrimas, você adora, porque é verossímil.

Então, já que estamos aqui, permita-me colocar minha máscara de Panda da Desilusão e jogar mais uma verdade desagradável na sua cara:

Sofremos pelo simples fato de que sofrer é biologicamente útil. O sofrimento é o agente preferido da natureza para inspirar mudanças. A evolução nos fez viver constantemente com certo grau de insatisfação e insegurança, porque é a criatura levemente insatisfeita e insegura que faz o máximo para inovar e sobreviver. Somos programados pela natureza para ficar insatisfeitos com tudo que temos e desejar apenas o que não temos. Essa insatisfação permanente faz nossa espécie seguir lutando e progredindo, construindo e conquistando. Então, não: nossa dor e tristeza não são uma falha da evolução humana. Pelo contrário: são um recurso essencial dela.

A dor, em todas as suas formas, é o meio mais efetivo de que nosso corpo dispõe para gerar ação. Imagine algo simples, como dar uma topada com o dedão do pé. Se você for como eu, sua reação é gritar tantos palavrões que faria o Papa Francisco chorar. Ou você culpa o pobre objeto inanimado pelo seu sofrimento. "Mesa escrota", diz. Ou talvez chegue ao ponto de questionar toda a sua visão sobre design de interiores com base no dedo latejante: "Que tipo de idiota coloca uma mesa aqui?"

Mas voltemos. Aquela dor horrível no dedo, que eu, você e o papa odiamos tanto, tem um motivo importante para existir. A dor física é um produto do sistema nervoso, um mecanismo de resposta que nos permite desenvolver a noção espacial de nossas proporções físicas — aonde podemos ou não podemos ir, o que podemos ou não tocar. Quando excedemos esses limites, nosso sistema nervoso nos pune para que a gente preste atenção e nunca mais repita o erro.

Essa dor, por mais que a odiemos, *é útil*. É ela que nos ensina no que devemos prestar atenção quando somos pequenos ou quando estamos distraídos. Ela nos ajuda a descobrir o que faz bem e o que faz mal. Ajuda a entender e aceitar nossas limitações. Ensina a não brincar perto de um fogão aceso nem enfiar objetos de metal em tomadas. Sendo assim, nem sempre é benéfico evitar a dor e buscar apenas o prazer, já que às vezes a dor tem importância vital para nosso bem-estar.

E não existe apenas a dor física. Como qualquer um que já tenha sido obrigado a assistir ao Episódio I de *Star Wars* pode confirmar, nós, humanos, também somos capazes de sofrer extrema dor psicológica. Na verdade, pesquisas descobriram que o cérebro não registra muita diferença entre a dor psicológica e a física, então, quando digo que senti meu coração ser atravessado lenta e repetidamente por uma adaga quando minha primeira namorada me traiu e me largou, é porque doeu tanto que daria no mesmo se tivessem realmente cravado uma adaga lenta e repetidamente no meu coração.

Assim como a dor física, a dor psicológica indica que há um desequilíbrio, que algum limite foi excedido. E, também como a dor física, a psicológica nem sempre é indesejável ou de todo ruim. Em certos casos, passar por dores emocionais ou psicológicas pode ser saudável ou mesmo necessário. Assim como bater o dedão nos treina para esbarrar menos em mesas, a dor emocional provocada por rejeição ou fracasso nos ensina a evitar os mesmos erros no futuro.

O que nos leva a deduzir um dos grandes perigos de uma sociedade que se esquiva cada vez mais dos inevitáveis desconfortos da vida: perdemos o benefício da passagem por doses saudáveis de dor, e essa perda nos desconecta da realidade.

Você pode ficar com água na boca ao imaginar uma vida livre de problemas, repleta de felicidade e compaixão eternas, mas aqui no mundo real os problemas nunca cessam. Sério, eles não acabam. O Panda da Desilusão acabou de passar aqui. Ele me contou tudo enquanto tomávamos margaritas:

Os problemas nunca somem, eles só melhoram.

Warren Buffett tem problemas financeiros; o mendigo bêbado que fica à espreita na frente do supermercado também tem. Buffett simplesmente tem problemas financeiros *melhores* que os do mendigo. Tudo na vida é assim.

— A vida é basicamente uma série interminável de problemas, Mark — afirmou o Panda. Ele tomou mais um gole do drinque e ajeitou o guarda-chuvinha cor-de-rosa que adornava o copo. — A solução de um problema é apenas o início do próximo.

Depois de um tempo, eu me perguntei de onde aquele panda falante tinha saído. Aliás, quem foi que preparou essas margaritas?

— Não espere por uma vida sem problemas — continuou o Panda. — Isso não existe. Em vez disso, torça por uma vida cheia de problemas bons.

E, dizendo isso, ele pousou o copo, ajeitou o guarda-chuvinha nele e saiu caminhando alegremente rumo ao horizonte.

Felicidade é resolver problemas

Problemas são uma constante na vida. Quando você resolve seus problemas de saúde frequentando uma academia, está criando novos problemas, como ter que acordar cedo para não se atrasar, passar meia hora suando que nem um porco na esteira, depois ter que tomar banho antes do trabalho para não empestear o escritório inteiro com o seu fedor. Quando você resolve o problema de não passar tempo suficiente com seu parceiro, decidindo que vão sair juntos toda quarta-feira, está gerando novos problemas, como pensar em algo que os dois não odeiem para fazer toda quarta, conferir se têm dinheiro para ir a bons restaurantes, redescobrir a química e a chama que sentem ter perdido e desvendar a logística de transar em uma banheira minúscula com espuma demais.

Os problemas nunca acabam; eles apenas são substituídos e/ou atualizados.

A felicidade está em resolver problemas. Repare que a palavra-chave é "resolver". Se você evita os problemas ou acha que não tem nenhum, está no caminho da infelicidade. Se acha que não consegue resolver seus problemas, estará no mesmo caminho. O segredo está em *resolver* os problemas, e não em não ter problemas.

Para ser feliz, é preciso ter algo para resolver. Assim, a felicidade é uma forma de ação; é uma atividade, não algo que você recebe de forma passiva, que descobre magicamente numa lista do Buzzfeed ou com algum guru. Ela não surge quando você finalmente ganha o suficiente para construir mais um cômodo na sua casa. Ela não está esperando por você em algum lugar, alguma ideia, algum emprego... nem num livro, aliás.

Felicidade é um exercício constante, porque resolver problemas é um exercício constante — as soluções para os problemas de hoje serão a base dos problemas de amanhã, e assim por diante. A verdadeira felicidade só se dá quando você descobre quais problemas gosta de ter e de resolver.

Às vezes são problemas simples: comer bem, viajar, zerar o jogo que você acabou de comprar. Outras vezes, porém, são problemas abstratos e complexos: manter um bom relacionamento com sua mãe, encontrar uma carreira em que se sinta confortável, criar um círculo de amigos fiéis.

Sejam quais forem seus problemas, o conceito é o mesmo: resolva-os e seja feliz. Infelizmente, para muitas pessoas a vida não é tão simples assim. Isso porque elas estragam tudo fazendo alguma destas merdas:

1. *Negação*. Algumas pessoas negam que os problemas sequer existam. E, como negam a realidade, precisam se iludir e se alienar o tempo todo. Isso pode fazê-las se sentir bem a curto prazo, mas leva a uma vida de insegurança, neurose e repressão emocional.
2. *Vitimização*. Há quem prefira acreditar que nada pode fazer para resolver seus problemas. As vítimas tentam culpar os outros ou circunstâncias externas. Isso pode fazê-las se sentir melhor a curto prazo, mas leva a uma vida de raiva, desamparo e desespero.

As pessoas negam e culpam os outros pelos próprios problemas simplesmente porque é fácil e provoca alívio, enquanto resolvê-los é difícil e muitas vezes gera sofrimento. Culpa e negação dão barato. São uma fuga temporária dos problemas, o que proporciona uma sensação passageira de melhora.

Há diversas formas de obter euforia. Seja pela ingestão de substâncias como o álcool, seja pela sensação de altivez moral ao culpar os outros ou pela emoção de uma aventura arriscada, basear a vida em picos de euforia é superficial e improdutivo. Grande parte do mercado da autoajuda se sustenta em vender euforia em vez de ensinar as pessoas a resolver problemas legítimos. Muitos gurus ensinam novas formas de negação e enchem o público de exercícios que causam bem-estar a curto prazo, mas que ignoram a raiz do problema. Lembre-se: nenhuma pessoa feliz de verdade tem necessidade de ficar diante de um espelho repetindo para si mesma que é feliz.

Outro problema da euforia é que ela vicia. Quanto mais dependemos dela para sentirmos uma melhora em nossos problemas ocultos, mais recorremos a tal recurso. Assim, quase tudo pode se tornar um vício, dependendo do motivo pelo qual é usado. Todos temos nossos métodos preferidos para entorpecer a dor causada pelos problemas, e não há nada de errado nisso, desde que sejam usados em doses moderadas. Quanto mais evitamos e mais nos entorpecemos, mais doloroso será quando finalmente confrontarmos nossos problemas.

Sentimentos não são tudo isso que você pensa

Os sentimentos foram desenvolvidos em nosso organismo com um propósito específico: nos ajudar a viver e a nos reproduzir melhor. Só isso. São um mecanismo de resposta cuja função é nos alertar de que algo é provavelmente bom ou provavelmente prejudicial. Nada mais, nada menos.

Assim como a dor da queimadura ensina a não tocar o fogão aceso de novo, a tristeza de estar sozinho ensina a não repetir os comportamentos que causaram a solidão. Sentimentos são apenas sinais biológicos criados para empurrar as pessoas na direção de mudanças positivas.

Olha, não estou tentando menosprezar sua crise de meia-idade ou o ainda não superado trauma de quando seu pai alcoólatra roubou sua bicicleta quando você tinha oito anos, mas, no final das contas, se você se sente mal, é porque seu cérebro está indicando a presença de algum problema não abordado ou não resolvido. Em outras palavras, sentimentos negativos são um *chamado à ação*. Se você sente algo ruim, é porque precisa agir. Da mesma maneira, sentimentos bons são a recompensa por agir certo. Quando você se sente bem, a vida parece simples e basta aproveitá-la. Até que, como tudo o mais, a sensação boa desaparece, porque sempre surgem mais problemas.

Sentimentos fazem parte da equação da vida, mas não são a *única* variável. Não é porque algo causa uma sensação boa que *é* bom. Não é porque algo causa uma sensação ruim que *é* ruim. Sentimentos são apenas sinalizadores, *conselhos* dados pela neurobiologia, não ordens. Portanto, nem sempre devemos confiar neles. Pelo contrário: acho que precisamos criar o hábito de questioná-los.

Muita gente é ensinada a reprimir as emoções por diversas razões pessoais, sociais ou culturais, sobretudo as negativas. Só que, infelizmente, negar os sentimentos negativos é negar vários dos mecanismos de resposta que ajudam a resolver problemas. Como resultado, muitos dos indivíduos reprimidos têm dificuldade em lidar com os problemas ao longo da vida. E, se não conseguem resolver seus problemas, não têm como ser felizes. Lembre-se: a dor tem um propósito.

No entanto, há também quem se identifique demais com as emoções. Tudo se justifica apenas porque a pessoa se *sentiu* assim. "Ah, eu quebrei seu para-brisa, mas foi porque eu estava com *ódio*. Não pude evitar." Ou: "Eu larguei a faculdade e me mudei para o Alasca porque *senti* que era o certo a fazer." Tomar decisões com base apenas no que seu coração manda, sem o auxílio da razão para se manter na linha, é pedir para dar merda. Sabe quem baseia a vida nas emoções? Crianças de três anos. Cachorros. Sabe o que mais crianças de três anos e cachorros fazem? Cagam no tapete.

A obsessão e a atenção exagerada aos sentimentos sempre falham pela simples razão de que sentimentos não duram. O que nos faz feliz hoje não nos fará feliz amanhã, porque nossa biologia sempre vai demandar algo mais. A fixação pela felicidade inevitavelmente nos leva a uma busca incessante por "outra coisa" — uma casa nova, um relacionamento novo, mais um filho, mais um aumento. E, apesar de todo o nosso esforço, acabamos nos sentindo do mesmo jeito que no começo: insuficientes.

Os psicólogos às vezes se referem a esse conceito como a "esteira hedonista": a ideia de que estamos sempre nos esforçando para mudar nossa vida, mas na verdade nunca nos sentimos muito diferentes.

É por isso que nossos problemas são recorrentes e inevitáveis. A pessoa com quem você se casa é a mesma com quem você briga. A casa que você compra é a mesma que você reforma. O emprego dos seus sonhos é o mesmo que vai estressá-lo. Tudo vem com um sacrifício embutido, ou seja, o que nos faz bem vai inevitavelmente nos fazer mal também. O que ganhamos também é o que perdemos. O que nos proporciona experiências positivas definirá também as negativas.

Esse conceito é difícil de engolir. Nós *gostamos* de pensar que existe uma felicidade derradeira a alcançar. *Gostamos* de pensar que é possível alcançar um alívio permanente do sofrimento. *Gostamos* de pensar que é possível se sentir para sempre pleno e satisfeito com a vida.

Mas não é.

Escolha suas batalhas

Se eu lhe perguntar o que você quer da vida e você disser algo como "Quero ser feliz, ter uma família maravilhosa e um emprego de que eu goste", essa é uma resposta tão comum e previsível que não significa nada.

Todo mundo gosta do que é bom. Todo mundo quer ter uma vida sem preocupações, feliz e fácil; se apaixonar, ter relacionamentos incríveis, parceiros sexuais fantásticos, ser lindo, ganhar dinheiro, ser popular, respeitado, admirado e tão foda que as multidões se abrirão como o Mar Vermelho quando você passar.

Todo mundo quer isso. É fácil querer isso.

Uma pergunta mais interessante, que a maioria das pessoas nunca considera, é: "Qual *dor* você quer na vida? Pelo que você está disposto a lutar?" Porque isso é muito mais determinante na definição do seu futuro.

Por exemplo, muita gente quer ter a melhor sala do escritório e ganhar rios de dinheiro — mas não é qualquer um que está disposto a trabalhar sessenta horas por semana, fazer longos trajetos indo e voltando do escritório, preencher uma montanha de papelada odiosa e vencer hierarquias corporativas arbitrárias só para escapar dos opressores cubículos infinitos.

Muitas pessoas querem o melhor sexo do mundo e um relacionamento incrível, mas nem todas estão dispostas a enfrentar as DRs, os silêncios constrangedores, a mágoa e o drama psicológico necessários para construir isso. Então, se conformam. Elas se conformam e passam anos se perguntando "Poderia ser diferente?", até que a pergunta passa a ser "Poderia ser com alguém diferente?". E, quando os papéis são assinados e o cheque da pensão está preenchido, pensam: "Por quê?" Se não foi porque você tinha padrões e expectativas baixos vinte anos atrás, então foi por quê?

Porque a felicidade exige esforço. Ela se origina dos problemas. A alegria não brota do chão como margaridas ou surge no céu como um arco-íris. Satisfação e propósito genuínos, sérios e duradouros devem ser conquistados pela escolha e pela maneira como conduzimos nossas batalhas. Sofra você com ansiedade, solidão, TOC ou um chefe imbecil que estraga metade do seu dia, a solução é aceitar e mergulhar ativamente nessa experiência negativa — não evitá-la, não fugir dela.

Muita gente quer ter um corpo maravilhoso, mas ninguém consegue isso sem passar pela dor e pelo cansaço físico de gastar horas e horas dentro de uma academia ou calcular tudo que come, planejando sua vida em minúsculas porções.

Há quem queira abrir um negócio, mas ninguém se torna um empreendedor bem-sucedido se não encontrar um jeito de avaliar o risco, a incerteza, os muitos fracassos, a quantidade insana de horas dedicadas a algo que pode render absolutamente nada.

A maioria das pessoas quer encontrar um parceiro, mas ninguém conquista uma pessoa maravilhosa sem saber lidar com a turbulência emocional causada pelas rejeições exaustivas, com a tensão sexual reprimida e com a obsessão em olhar fixamente para um celular que nunca toca. Tudo isso faz parte do jogo do amor. É impossível ganhar sem jogar.

O que determina o sucesso não é "De que prazer você quer desfrutar?". A questão relevante é: "Qual dor você está disposto a suportar?" O caminho da felicidade é cheio de obstáculos e humilhações.

Você tem que escolher alguma coisa. Não dá para levar uma vida sem dor. Nem tudo são rosas e unicórnios o tempo todo. A pergunta sobre o prazer costuma ser fácil, e quase todos nós temos uma resposta parecida.

Interessante mesmo é a pergunta sobre a dor. Qual dor você prefere tolerar? Essa é a pergunta difícil porém relevante, a pergunta que vai levá-lo a algum lugar. É a pergunta que pode mudar perspectivas, vidas. É o que faz de mim quem eu sou, que faz de você quem você é. É o que nos define, nos distingue e, no final das contas, nos une.

Durante boa parte da adolescência e início da vida adulta, tive a fantasia de ser músico. Mais especificamente, um astro do rock. Sempre que ouvia um solo de guitarra sensacional, fechava os olhos e me imaginava no palco, tocando sob os gritos da multidão, enlouquecendo as pessoas com o esplendor do meu dedilhado. Eu me perdia nessa fantasia por horas a fio. Para mim, a questão nunca foi *se* eu tocaria para multidões histéricas, e sim *quando*. Eu tinha tudo planejado. Só estava esperando até poder investir a energia e o esforço necessários para chegar lá e deixar minha marca. Primeiro, tinha que terminar a escola. Depois, ganhar dinheiro para comprar a guitarra. Aí, precisava encontrar tempo para praticar. Depois, fazer contatos e começar meu primeiro projeto. E depois... Depois, nada.

Apesar de eu ter passado metade da vida fantasiando, esse sonho nunca se tornou realidade. E foi preciso muito tempo e muita luta para que eu finalmente descobrisse por quê: *eu não queria aquilo de verdade.*

Minha paixão era pelo resultado — eu lá, no palco, colocando minha alma na música, as pessoas aplaudindo, eu arrasando —, mas não pelo processo. E, por causa disso, fracassei. Várias vezes. Sinceramente, nem tentei o suficiente para fracassar. Eu mal tentei. O esforço diário de praticar, a logística de encontrar uma banda e ensaiar, a dificuldade de arranjar shows e fazer as pessoas aparecerem e se interessarem, as cordas arrebentadas, o amplificador estourado, os vinte quilos de equipamentos que eu precisaria levar de lá pra cá sem carro... O sonho é imenso, e a escalada até o topo é interminável. O que levei muito tempo para descobrir é que eu não gostava muito de escalar. Só gostava de me imaginar no cume.

Segundo a narrativa cultural dominante, eu decepcionei a mim mesmo, sou um desistente, um perdedor, não tenho talento, abri mão do meu sonho e talvez tenha sucumbido à pressão social.

Mas a verdade é muito menos interessante que essas explicações. A verdade é que eu achei que queria uma coisa, mas não queria. Fim de papo.

Eu queria a recompensa e não as dificuldades. Queria o resultado e não o processo. Eu não era apaixonado pela luta, e sim pela vitória.

E a vida não funciona assim.

Você é definido pelas batalhas que está disposto a lutar. As pessoas que *gostam* da batalha da academia são aquelas que participam de triatlos, têm barriga de tanquinho e conseguem levantar um carro. As pessoas que *gostam* das longas horas de trabalho e da política de ascensão na hierarquia corporativa são as que chegam rapidamente ao topo. As pessoas que *gostam* das tensões e incertezas do estilo de vida do artista faminto são, no final das contas, as que chegam aos palcos.

Isso não tem nada a ver com força de vontade ou coragem. Não é a repetição da ladainha "não há vitória sem dor". É o componente mais simples e básico da vida: as batalhas determinam as conquistas. Os problemas criam a felicidade, junto com problemas um pouco melhores e mais atualizados.

Veja bem: trata-se de uma interminável espiral ascendente. Se você acha que em algum momento terá permissão para parar, infelizmente não entendeu nada. Porque a alegria está na subida.

3

Você não é especial

Quero falar sobre um conhecido meu. Vamos chamá-lo de Jimmy.

Jimmy estava sempre envolvido em vários projetos. Sempre que perguntavam o que ele estava fazendo, Jimmy falava sobre a consultoria que estava prestando para alguma empresa, descrevia um promissor aplicativo de saúde para o qual vinha buscando investidores, falava de um evento beneficente em que faria um discurso ou contava sobre a ideia milionária que tivera para uma bomba de combustível mais eficiente. O cara não parava, estava sempre ligado, e, se você desse papo, Jimmy continuaria eternamente, mostrando como era fenomenal seu trabalho e como eram brilhantes suas ideias, despejando em cima de você tantos feitos pessoais que mais parecia estar sendo entrevistado na TV.

Jimmy era pura positividade, o tempo todo. Sempre alçando novos voos, sempre a um passo de mais uma conquista — um verdadeiro cara que põe a mão na massa.

O problema era que Jimmy também era um completo parasita — muito papo e nenhuma ação. Passava a maior parte do tempo chapado e gastava em bares e restaurantes sofisticados tanto quanto investia em suas "ideias de negócios"; Jimmy era um sanguessuga profissional. Vivia do dinheiro suado da família, que ele enrolava assim como fazia com o restante da cidade, com falsas ideias de futura glória no ramo da tecnologia. Claro, às vezes ele fazia algum esforço simbólico, pegava o celular e ligava para algum figurão na cara de pau, se valendo de todos os nomes famosos que lhe vinham à mente, mas nada concreto acontecia. Nenhum dos seus "empreendimentos" se tornou realidade.

O cara continuou nessa por anos, sendo sustentado por namoradas e por parentes cada vez mais distantes até quase completar trinta anos. E o mais doido nisso tudo era que Jimmy *tinha orgulho disso*. Sua autoconfiança chegava ao nível do delirante. Quem ria dele ou desligava na sua cara estava, na percepção de Jimmy, "perdendo a maior oportunidade da vida". Quem apontava o ridículo de suas ideias era "ignorante e inexperiente demais" para entender sua genialidade. Quem expunha seu estilo de vida parasitário era um "invejoso", uma pessoa "amarga" que cobiçava seu sucesso.

Jimmy ganhava algum dinheiro, mas, em geral, pelos meios mais desonestos, como vender a ideia de outra pessoa como se fosse dele, enrolar alguém para conseguir um empréstimo ou, pior, convencer alguém a lhe dar participação numa startup. Às vezes conseguia até que lhe pagassem para dar palestras. (Sobre o quê, eu não consigo nem imaginar.)

A pior parte era que Jimmy *acreditava* nas mentiras que contava. Seu delírio era tão indestrutível que era até difícil ter raiva dele. Chegava a ser um caso fascinante, na verdade.

Em algum momento da década de 1960, desenvolver uma "autoestima alta" — ter uma boa autoimagem e se sentir bem consigo mesmo — virou moda na psicologia. Pesquisas concluíram que as pessoas que se *consideravam* admiráveis tendiam a se sair melhor e ter menos problemas. Muitos estudiosos e legisladores da época acreditaram que aumentar a autoestima da população geraria benefícios sociais tangíveis: redução da criminalidade, melhora no desempenho acadêmico, geração de novos empregos, diminuição de déficits no orçamento. Como resultado, a partir da década seguinte, de 1970, práticas relacionadas à autoestima começaram a ser ensinadas aos pais, reforçadas por terapeutas, políticos e professores, além de serem instituídas na política educacional. Por exemplo, as notas de crianças com baixo desempenho eram elevadas artificialmente, para que não se sentissem tão mal. Prêmios por participação em aula e troféus foram inventados para diversas atividades banais ou obrigatórias. As crianças recebiam deveres de casa inúteis, como escrever as características que as tornavam especiais ou suas cinco maiores qualidades. Pastores e sacerdotes diziam a suas congregações que cada um ali era especial aos olhos de Deus, que todos estavam destinados a se destacar e a superar a mediocridade. Surgiram seminários empresariais e motivacionais entoando o mesmo mantra paradoxal: cada um de nós pode ser excepcional e extremamente bem-sucedido.

Hoje, uma geração depois, temos os resultados para avaliar: *não* somos todos excepcionais. No fim das contas, se sentir bem consigo mesmo não significa nada, a não ser que você tenha um *bom motivo* para isso. Hoje, sabemos que adversidade e fracasso são muito úteis e até mesmo necessários para o desenvolvimento de adultos determinados e bem-sucedidos. Hoje, sabemos que fazer as pessoas acreditarem que são excepcionais e se sentirem bem consigo mesmas sem fundamento não cria uma população de Bill Gates e Martin Luther Kings. Cria uma população de Jimmys.

Jimmy, o delirante das startups. Jimmy, que fumava maconha todo santo dia e não era bom em nada exceto em se gabar e acreditar nas próprias mentiras. Jimmy, o tipo de cara que gritava com os sócios por serem "imaturos" e depois estourava o cartão de crédito da empresa no Le Bernardin para impressionar modelos russas. Jimmy, que já estava ficando sem estoque de tias e tios a quem recorrer para pedir empréstimos.

Sim, esse Jimmy confiante e cheio de autoestima. O Jimmy que passava tanto tempo exibindo competência que esquecia de, bem, realmente fazer alguma coisa.

O problema com o movimento pró-autoestima é a crença de que podemos medir a autoestima pelos sentimentos positivos das pessoas em relação a si mesmas. No entanto, para se ter uma noção verdadeira e precisa do valor de um indivíduo é preciso avaliar como ele se sente em relação a seus aspectos *negativos*. Se uma pessoa como Jimmy se sente o fodão 99,9% do tempo, mesmo que sua vida esteja chafurdando na mais absoluta merda, como isso pode ser um método de aferição válido para decretar que sua vida é bem-sucedida e feliz?

Jimmy é arrogante. Ou seja, ele julga merecer todas as mil maravilhas de mão beijada. Acredita que merece ser rico sem trabalhar. Ser querido e ter boas relações sem ajudar ninguém. Ter um estilo de vida incrível sem sacrificar nada.

Gente como Jimmy é tão obcecada em se sentir bem consigo mesma que consegue se iludir e acreditar que *está* realizando feitos notáveis mesmo sem mover um dedo. Esse tipo de gente vê a si mesmo arrasando no palco quando na verdade está fazendo papel de bobo. Essas pessoas acreditam ser bem-sucedidas fundadoras de startups quando, na verdade, nunca tiveram sucesso em nenhum empreendimento. Elas se autointitulam *life coaches* e cobram para ajudar os outros do alto de seus vinte e cinco anos preenchidos por zero conquistas significativas.

Gente arrogante exala autoconfiança em níveis irreais. Isso pode ser atraente para os outros, pelo menos por um tempo. Em alguns casos, a autoconfiança infundada é contagiante e ajuda as pessoas a sua volta a se sentirem mais confiantes também. Devo admitir que, apesar de todas as trapalhadas, Jimmy era uma boa companhia para sair. Você se sentia indestrutível perto dele.

O problema da arrogância é que pessoas assim *precisam* se sentir bem consigo mesmas o tempo todo, mesmo que à custa dos outros. E como é uma necessidade constante, as pessoas arrogantes acabam gastando a maior parte do tempo pensando no próprio umbigo. Afinal de contas, não é simples se convencer de que seu peido não fede, ainda mais se você é um grande bosta.

Depois que a pessoa começa a achar que tudo que acontece na vida dela lhe confere ainda mais importância, é extremamente difícil livrá-la desse padrão de pensamento. Qualquer tentativa de ser razoável é vista como mais uma "ameaça" a sua superioridade, por parte de alguém que "não consegue aceitar" tamanho talento/inteligência/beleza/sucesso.

O arrogante forma uma bolha narcisista ao redor de si mesmo, distorcendo todo e qualquer evento para manter a retroalimentação. Pessoas arrogantes têm apenas duas formas de ver os acontecimentos da vida, ambas relacionadas a sua grandeza: reafirmação ou ameaça. Se algo de bom acontece a elas, é fruto de algo incrível que fizeram. Se algo de ruim acontece, é porque alguém está com inveja, tentando derrubá-las. A arrogância é impenetrável. Pessoas desse tipo se convencem de qualquer coisa para alimentar sua sensação de superioridade. Precisam manter a fachada mental de pé a qualquer custo, mesmo que às vezes isso as obrigue a ser física ou emocionalmente violentas.

Mas a arrogância é uma estratégia falha. É apenas mais uma forma de euforia. *Não* é felicidade.

Para medir o verdadeiro valor de uma pessoa, o importante não é avaliar como ela vê as experiências *positivas*, e sim as *negativas*. Uma pessoa como Jimmy se esconde dos problemas ao inventar sucessos fictícios para si mesmo. E, por não conseguir enfrentar seus problemas, por melhor que se sinta consigo mesma, essa pessoa é fraca.

Aquele que nutre uma boa autoestima verdadeira enxerga com honestidade as partes negativas de si mesmo — *Sim, às vezes sou irresponsável com dinheiro. Sim, às vezes exagero meu próprio sucesso. Sim, sou muito dependente do apoio dos outros, eu deveria ser mais autossuficiente* — e age a fim de se aprimorar. O arrogante, porém, é incapaz de melhorar a própria vida de forma duradoura ou significativa, pois não reconhece os próprios problemas aberta e honestamente. Ele busca euforia após euforia e chega a níveis cada vez mais elevados de negação.

No entanto, em algum momento a realidade bate à porta e os problemas ocultos reaparecem. É só uma questão de tempo, e de quão doloroso será.

Um dia a casa cai

Eram nove da manhã e eu estava na aula de biologia, a cabeça deitada sobre os braços cruzados na mesa, olhando para o ponteiro dos segundos do relógio, cada tique sincopado com a explicação tediosa do professor sobre cromossomos e mitose. Como todo bom adolescente de treze anos que se vê preso numa sala abafada e iluminada por luz fluorescente, eu estava entediado.

Bateram à porta. O sr. Price, vice-diretor da escola, enfiou a cabeça na sala.

— Desculpe interromper. Mark, você pode vir aqui um instante? Ah, e traga suas coisas.

Que estranho, pensei. O normal era os alunos serem mandados ao escritório do diretor; o diretor raramente ia até as salas. Recolhi meu material e saí.

O corredor estava vazio. Centenas de portas de armários bege convergiam no horizonte.

— Mark, pode me levar até seu armário, por favor?

— Tudo bem — falei, e comecei a andar até lá como uma lesma, uma lesma de calça jeans larga, cabelo desgrenhado e camisa do Pantera grande demais.

Chegamos ao meu armário.

— Abra, por favor — ordenou o sr. Price.

Obedeci. Ele ficou na minha frente e pegou meu casaco, minha bolsa com o uniforme de educação física, minha mochila. Enfim: tudo que tinha no armário, menos alguns cadernos e lápis.

— Venha comigo, por favor — disse ele, sem olhar para trás.

Comecei a ficar nervoso.

Fui com ele até o escritório do diretor. Chegando lá, o sr. Price me mandou sentar, depois fechou a porta e a trancou. Foi até a janela e fechou as cortinas. Minhas mãos começaram a suar. Aquilo *não* era uma simples conversa.

O sr. Price se sentou e revirou meu material em silêncio, verificando bolsos, abrindo zíperes, sacudindo as roupas de educação física e jogando-as no chão.

— Sabe o que estou procurando, Mark? — perguntou ele, sem olhar para mim.

— Não — falei.

— Drogas.

A palavra me deixou num estado que era um misto de atenção e nervosismo.

— D-d-drogas? — gaguejei. — De que tipo?

Ele me lançou um olhar severo.

— Não sei. De que tipo você tem? — retrucou, abrindo um fichário e verificando os bolsinhos para canetas.

O suor brotava de todos os meus poros, nas palmas das mãos, nos braços, no pescoço. Minhas têmporas começaram a latejar quando o sangue subiu para o rosto e depois para o cérebro. Como todo bom adolescente de treze anos acusado de portar narcóticos e levá-los para a escola, eu queria sair correndo dali e me esconder.

— Não sei do que o senhor está falando — protestei, num tom muito mais humilde do que gostaria.

Senti que deveria transmitir mais confiança. Ou talvez não. Talvez devesse estar com medo. As pessoas demonstram mais medo ou mais confiança quando estão mentindo? Porque eu queria demonstrar o oposto. Bom, minha insegurança aumentou, pois o medo de parecer inseguro me deixou mais inseguro ainda. A merda do Círculo Vicioso Infernal.

— Isso é o que vamos ver — disse ele.

Então voltou a atenção para minha mochila, que aparentemente tinha cem bolsos, cada qual com os objetos adolescentes mais bobos: canetas coloridas, bilhetinhos passados durante a aula, CDs do começo dos anos 1990 com a caixinha rachada, marcadores secos, um velho bloco de desenho sem metade das páginas, inutilidades, poeira e fiapos acumulados durante toda uma existência enlouquecedoramente monótona no ensino fundamental.

Meu suor devia estar jorrando à velocidade da luz, e o tempo se prolongava e se dilatava de tal forma que os poucos segundos naquele relógio da aula de biologia tinham se transformado em éons. Cada minuto suficiente para crescer, envelhecer e morrer. Somente eu, o sr. Price e minha mochila sem fundo.

Em algum momento da era Mesolítica, o sr. Price terminou de revistar a mochila. Sem ter encontrado nada, parecia nervoso. Virou a mochila de cabeça para baixo, deixando cair tudo no chão, e começou a suar tanto quanto eu, só que, se no meu caso era pavor, o que ele sentia era raiva.

— Nada de drogas hoje, hein? — Ele tentou parecer casual.

— Não. — Eu tentei também.

Ele espalhou minhas coisas, separando cada item e os reunindo em pequenas pilhas ao lado do meu uniforme de educação física. Meu casaco e minha mochila estavam agora esvaziados e murchos em seu colo. Ele suspirou e olhou para a parede. Como todo bom adolescente de treze anos trancado numa sala com um homem que acabou de jogar suas coisas no chão furiosamente, eu queria chorar.

O sr. Price analisou os itens espalhados. Nada ilícito ou ilegal, nenhum narcótico, nem mesmo algo que infringisse as regras da escola. Ele suspirou e, depois, jogou no chão também o casaco e a mochila. Então se inclinou e apoiou os cotovelos nos joelhos, o rosto na altura do meu.

— Mark, vou lhe dar uma última chance de ser sincero comigo. Se você for sincero, vai ser muito melhor para você. Se estiver mentindo, vai ser muito pior.

Como se estivesse esperando a minha deixa, engoli em seco.

— Agora, diga a verdade — exigiu o sr. Price. — Você trouxe drogas para a escola hoje?

Tentando conter as lágrimas, os gritos querendo escapar pela garganta, encarei meu torturador e, em tom de súplica, louco para me livrar daquele horror adolescente, respondi:

— Não, eu não tenho nenhuma droga. Não faço a menor ideia do que você está falando.

— Tudo bem — disse ele, sugerindo rendição. — Pode pegar suas coisas e voltar para a aula.

Ele deu uma última olhada para a mochila vazia, jogada como uma promessa quebrada no chão de sua sala. Então, casualmente, pisou de leve na mochila, uma última tentativa desesperada. Esperei ansiosamente que ele se levantasse e saísse, e assim eu poderia seguir com a minha vida e esquecer aquele pesadelo. Mas o pé dele encontrou alguma coisa.

— O que é isso? — perguntou o sr. Price, dando umas pisadinhas.

— Isso o quê?

— Ainda tem alguma coisa aqui.

Ele pegou a mochila e começou a tatear o fundo. A sala ficou embaçada aos meus olhos; tudo ao redor oscilava.

Eu era inteligente, quando jovem. Era simpático. Mas também era um idiota. Digo isso no sentido mais amoroso possível. Eu era um idiota rebelde e mentiroso, irritado e cheio de ressentimento. Aos doze anos, modifiquei o sistema de segurança da minha casa usando ímãs de geladeira para sair escondido à noite. Meu amigo e eu colocávamos o carro da mãe dele em ponto morto e o empurrávamos até a rua para dirigir por aí sem acordá-la. Eu escrevia redações defendendo o aborto porque sabia que a professora de inglês era uma fanática religiosa. Outro amigo e eu roubávamos cigarros da mãe dele e os vendíamos atrás da escola.

Eu abri um compartimento secreto no fundo da minha mochila para esconder maconha.

Foi esse compartimento que o sr. Price encontrou depois de pisar na minha droga escondida. Eu tinha mentido. E, como prometeu, o sr. Price não pegou leve comigo. Algumas horas depois, como todo bom adolescente de treze anos algemado no banco traseiro de uma viatura policial, eu achava que a minha vida tinha acabado.

E tinha mesmo, de certa forma. Meus pais me prenderam em casa. Eu não teria amigos no futuro próximo. Fui expulso da escola, e terminaria o ano letivo estudando em casa. Minha mãe me fez cortar o cabelo e jogar fora todas as camisetas do Marilyn Manson e do Metallica (o que, para um adolescente em 1998, equivalia a ser condenado à morte por tosquice). Meu pai me arrastava para o trabalho de manhã e me fazia arquivar documentos por horas a fio. Depois que a educação domiciliar terminou, fui matriculado numa pequena escola cristã na qual — o que não deve ser uma surpresa — eu não me encaixava muito bem.

E, quando enfim tomei jeito, entregando os trabalhos no prazo e consciente do valor de uma boa responsabilidade clerical, meus pais decidiram se divorciar.

Estou contando tudo isso só para ilustrar como minha adolescência foi uma bosta. Perdi todos os meus amigos, meu ambiente, direitos legais e família num intervalo de nove meses. Como diria a psicóloga que me atendia aos vinte e poucos anos, foram eventos "traumatizantes pra cacete", e eu passaria uma década e mais um pouco tentando entendê-los e deixar de ser um bestinha egoísta e arrogante.

O problema com a minha vida doméstica naquela época não foram todas as coisas horríveis que foram ditas e feitas, e sim tudo que deveria ter sido dito e feito, mas não foi. Minha família ignora problemas como Warren Buffett ganha dinheiro ou Michael Jordan enterra no basquete: somos os melhores nisso. A casa podia estar pegando fogo e diríamos: "Ah, não, está tudo bem. Só um pouco quente aqui, talvez, mas sério, tudo bem."

Quando meus pais se divorciaram, não houve pratos quebrados, portas batidas nem discussões histéricas sobre quem chifrou quem. Depois que garantiram para mim e para o meu irmão que não era culpa nossa, eles abriram para perguntas — sim, você leu direito — sobre a logística da nossa nova vida. Nem uma única lágrima foi derramada. Nem uma única voz foi erguida. O máximo que meu irmão e eu chegamos de entrever a vida emocional declinante dos nossos pais foi o esclarecimento de que "ninguém traiu ninguém". Ah, que ótimo. O ar estava meio abafado ali na sala, mas tranquilo, tudo certo.

Meus pais são boas pessoas. Não os culpo por nada disso (pelo menos não mais). E amo muito os dois. Eles têm a própria história, a própria jornada e os próprios problemas, como todos os pais. Como os pais *deles* tinham, e assim por diante. E, como todos os pais, os meus, com as melhores intenções, transmitiram para mim alguns dos seus problemas, o que provavelmente também farei com meus filhos.

Quando passamos por eventos "traumatizantes pra cacete" como esses, começamos a achar, inconscientemente, que não podemos resolver alguns dos nossos problemas. Essa suposta incapacidade, por sua vez, nos deixa infelizes e indefesos.

E tem mais uma consequência. Se temos problemas insolúveis, nosso inconsciente conclui que somos, em certos aspectos, muito especiais ou muito imperfeitos; que somos diferentes de todos os outros, e que as regras não se aplicam a nós.

Simplificando: nos tornamos arrogantes.

O sofrimento que passei na adolescência me colocou num caminho de arrogância que segui por boa parte do início da vida adulta. Enquanto a arrogância de Jimmy se manifestava no âmbito profissional, em que ele forjava um enorme sucesso, a minha se manifestava em meus relacionamentos, especialmente com as mulheres. Meu trauma girava em torno de intimidade e aceitação, então eu sentia a necessidade constante de provar a mim mesmo que era amado e aceito. Como resultado, comecei a correr atrás de mulheres como um viciado em pó se jogaria sobre um boneco de neve feito de cocaína: fazendo amor em êxtase, para imediatamente depois sufocar qualquer sentimento.

Virei um galinha: imaturo e egoísta, embora às vezes charmoso. E passei quase uma década colecionando uma longa série de relacionamentos superficiais e doentios.

Não era exatamente sexo o que eu queria, embora essa parte fosse divertida. Era a validação. Eu era desejado, amado; pela primeira vez na vida, desde que me entendia por gente, eu tinha *valor*. Meu desejo de validação logo virou um hábito mental de exagerar minha importância e de ser autoindulgente demais. Eu me sentia no direito de dizer ou fazer o que quisesse, de trair a confiança das pessoas, de ignorar sentimentos, e depois me justificava com desculpas esfarrapadas.

Embora esse período tenha tido seus momentos de diversão e emoção, embora eu tenha conhecido algumas mulheres maravilhosas, minha vida era meio que um constante caos. Vivia desempregado, dormindo no sofá de amigos ou morando com a minha mãe, bebendo muito mais do que deveria, me afastando de vários amigos — e, quando conheci uma mulher de quem realmente gostava, meu egocentrismo não demorou a estragar tudo.

Quanto mais profunda é a dor, mais impotentes nos sentimos diante dos problemas e mais arrogantes ficamos em compensação. Essa arrogância pode funcionar de dois jeitos:

1. Eu sou incrível e vocês são uns merdas, então mereço tratamento especial.
2. Eu sou um merda e vocês são incríveis, então mereço tratamento especial.

Por fora, são mentalidades opostas, mas por dentro é o mesmo recheio cremoso de egoísmo. Na verdade, é comum ver gente arrogante alternando entre um pensamento e outro. Ou estão no topo do mundo ou o mundo desabou sobre eles, dependendo do dia ou de como estão lidando com seu vício naquele momento.

Grande parte das pessoas percebe na hora que alguém como Jimmy é um completo imbecil narcisista, porque ele deixa bastante óbvia sua autoestima delirante. O que a maioria não identifica como arrogância é o comportamento daqueles que se sentem sempre inferiores e indignos do mundo.

Interpretar tudo na vida como vitimismo constante exige tanto egoísmo quanto a atitude oposta. A mesma quantidade de energia e de autocentrismo delirante são necessários tanto para acreditar que você tem problemas insuperáveis quanto que não tem problema algum.

A verdade é que não existem problemas únicos e pessoais. Se você tem um problema, é provável que milhões de outras pessoas já tenham passado por isso antes de você, estão passando agora ou virão a passar no futuro, inclusive conhecidos seus. Isso não diminui o problema nem anula a dor. Isso não significa que você não é legitimamente uma vítima em algumas circunstâncias.

Significa apenas que você não é especial.

Geralmente, essa constatação — de que você e seus problemas *não* são mais graves ou mais dolorosos que os dos outros — é o primeiro passo, assim como o mais importante, para resolvê-los.

Mas parece que cada vez mais gente, principalmente entre os jovens, esqueceu isso. Professores e educadores notam uma falta de resiliência emocional e um excesso de demandas egoístas nos jovens de hoje. Não é incomum um livro ser retirado do currículo de uma turma apenas porque um aluno se sentiu mal com a leitura. Palestrantes e professores são destratados e banidos do campus por pecados tão banais quanto sugerir que talvez determinadas fantasias de Halloween não sejam tão ofensivas assim. Orientadores educacionais observam uma quantidade maior do que nunca de alunos exibindo sinais graves de abalo emocional após experiências comuns da vida acadêmica, como discutir com o colega de quarto ou tirar uma nota baixa.

É estranho que, numa época em que estamos mais conectados do que nunca, a arrogância esteja tão em alta. Algo na tecnologia recente parece permitir que nossa insegurança jorre aos borbotões, de maneira inédita. Quanto maior a liberdade de expressão, maior nosso desejo de nos vermos livres de qualquer um que possa discordar de nós ou nos chatear. Quanto mais expostos ficamos a pontos de vista diferentes, mais nos incomodamos por eles existirem. Quanto mais fácil e livre de problemas nossa vida se torna, mais nos sentimos no direito de que fique ainda melhor.

Os benefícios da internet e das redes sociais são, incontestavelmente, fantásticos. Este é o melhor momento da história para se viver, por diversas razões, mas talvez tais tecnologias estejam gerando efeitos colaterais inesperados na sociedade. Talvez as mesmas tecnologias que libertaram e instruíram tanta gente estejam inflando a importância que damos a nós mesmos.

A tirania do excepcionalismo

A maioria das pessoas é bastante medíocre em quase tudo que faz. Mesmo que você seja excepcional em uma área, é provável que seja medíocre ou mesmo abaixo da média em outras. É a natureza da vida. Para se tornar incrível em alguma atividade, é preciso investir nela uma quantidade absurda de tempo e energia. E, como esses recursos são limitados, já é raro se tornar excepcional em uma coisa, que dirá em mais que isso.

Assim, podemos dizer que é estatisticamente improvável que uma mesma pessoa seja extraordinária em todas as áreas da vida, ou mesmo em várias. Empresários brilhantes geralmente têm a vida pessoal toda ferrada. Atletas extraordinários costumam ser superficiais e burros como uma pedra lobotomizada. Muitas celebridades têm uma noção da vida tão limitada quanto seus fãs e seguidores mais implacáveis.

Todos somos, basicamente, bem comuns. Mas são os extremos que atraem os holofotes. Já meio que sabemos disso, mas raramente pensamos e/ou tocamos no assunto, e menos ainda levantamos a questão de que isso pode ser um problema.

Ter acesso à internet, ao Google, Facebook, YouTube e a centenas de canais de televisão é incrível. Só que nossa atenção é limitada. Não existe a menor chance de processarmos a tsunami de informações que nos atinge o tempo todo. Assim, só o que chama a atenção são as realmente excepcionais — aquele 0,000001%.

Todos os dias, todas as horas, somos inundados com o que é realmente extraordinário. O melhor do melhor. O pior do pior. As maiores façanhas físicas. As piadas mais engraçadas. As notícias mais perturbadoras. As ameaças mais assustadoras. Sem parar.

Nossa vida é repleta de informações sobre os extremos da experiência humana, porque no ramo da mídia é isso que chama atenção, e atenção gera lucro. É o mais importante. A maior parte da vida, no entanto, se dá na monótona média. A grande maioria da vida *não é* extraordinária, e sim bastante medíocre.

Essa inundação de extremos noticiados nos condicionou a acreditar que, agora, ser excepcional é a norma. E, como somos todos bastante comuns na maior parte do tempo, o dilúvio de informações sobre o excepcional nos deixa inseguros e desesperados, porque, obviamente, não somos bons o bastante. Assim, sentimos a necessidade cada vez maior de compensar isso com arrogância e vício. Lidamos com isso da única forma que sabemos: enaltecendo a nós mesmos ou aos outros.

Alguns fazem isso criando esquemas fraudulentos de enriquecimento rápido. Uns atravessam o mundo para salvar crianças da desnutrição. Há quem se destaque nos estudos e ganhe mil prêmios acadêmicos. Outros entram na escola atirando. Alguns tentam fazer sexo com qualquer criatura que se mova.

Isso tem a ver com a crescente cultura da arrogância que já analisei. Muitas vezes os *millennials* são responsabilizados por essa mudança cultural, mas, provavelmente, apenas porque são a geração mais conectada e mais visível. A tendência à arrogância abrange toda a sociedade, e acredito que seja consequência da excepcionalidade gerada pelos meios de comunicação de massa.

O problema é que a onipresença da tecnologia e do marketing está dando um nó nas expectativas de muita gente. A enxurrada do excepcional faz as pessoas se sentirem menores, as faz sentir que precisam ser mais extremas, mais radicais e mais autoconfiantes para serem notadas ou terem valor.

Quando eu era jovem, minhas inseguranças com intimidade eram exacerbadas por todas as narrativas de masculinidade ridículas difundidas pela cultura pop. Essas mesmas narrativas ainda circulam hoje: para ser popular, o cara tem que sair e beber como um astro do rock; para ser respeitado, tem que ser admirado pelas mulheres; sexo é o bem mais valioso que um homem pode obter, e para consegui-lo vale sacrificar qualquer coisa (inclusive a dignidade).

Esse fluxo incessante de notícias irreais alimenta nossa insegurança ao nos expor a padrões fantasiosos impossíveis de corresponder. Não só nos sentimos sujeitos a problemas insolúveis, como nos consideramos fracassados porque uma simples pesquisa no Google mostra milhares de pessoas livres desses problemas.

A tecnologia resolveu antigos problemas econômicos mas nos trouxe novos problemas psicológicos. A internet não disponibilizou apenas informação para todos — ela fez o mesmo com a insegurança, a incerteza e a vergonha.

M-m-mas, se eu não vou ser especial nem extraordinário, qual é a graça?

Nossa cultura absorveu a crença de que *todos* estamos destinados a fazer algo extraordinário. Celebridades dizem isso. Magnatas dizem isso. Políticos dizem isso. Até a Oprah diz isso (então deve ser verdade). Cada um de nós pode ser extraordinário. Todos *merecemos* a grandeza.

O paradoxo dessa ideia — afinal de contas, se *todo mundo* fosse extraordinário, então, por definição, *ninguém* seria — não é percebido pela maioria das pessoas. Em vez de questionar o que realmente merecemos ou não, engolimos a mensagem e pedimos mais.

Ser "comum" se tornou o novo padrão de fracasso. O pior lugar em que se pode estar é no meio do bando, no topo da curva de Gauss. Quando o padrão de sucesso de uma cultura é "ser extraordinário", acaba sendo melhor estar no pior extremo da curva de Gauss do que no meio, porque pelo menos ali você é especial e merece atenção. Muita gente escolhe essa estratégia: prova para todos que é o mais infeliz, o mais oprimido, o mais sofrido.

Muitos têm medo de aceitar a mediocridade porque acreditam que, se o fizerem, nunca conseguirão nada, nunca vão se desenvolver e terão uma vida insignificante.

É uma ideia perigosa. Uma vez que você aceita a premissa de que a vida só vale a pena se for notável e grandiosa, também aceita o fato de que a maior parte da humanidade (incluindo você) é inútil e sem valor. E essa mentalidade pode se tornar danosa bem rápido, tanto para você mesmo quanto para os outros.

As poucas pessoas que se tornam verdadeiramente excepcionais em algo não alcançaram isso porque se consideram excepcionais. Pelo contrário: elas são incríveis porque são obcecadas por se aperfeiçoar. Essa fixação é derivada de uma crença imperturbável de que, na verdade, não são lá grande coisa. É o inverso da arrogância. Quem se torna excelente em alguma coisa consegue isso por entender que não nasceu excelente — é medíocre, comum —, mas que pode se tornar muito melhor.

Essa ladainha de que "todo mundo pode ser extraordinário e alcançar a grandeza" é só uma punhetagem do ego. Uma mensagem gostosa de engolir, mas que na verdade não passa de calorias vazias que deixam você emocionalmente gordo e inchado, como um Big Mac para o coração e o cérebro.

O caminho para a saúde emocional, como para a física, é legumes e verduras — ou seja, aceitar as verdades sem graça e banais. Como "Suas ações em geral não importam *tanto assim*" e "A maior parte da vida é tediosa e irrelevante, mas tudo bem". O prato de legumes vai ter um gosto bem ruim no começo. Você não vai querer comer.

Mas, depois que engolir, seu corpo vai acordar mais potente e mais vivo. Afinal de contas, você não vai mais estar carregando a constante pressão de ser incrível e inovador. O estresse e a ansiedade de ser sempre inadequado e de precisar se provar vai se dissipar. E a percepção e a aceitação da sua existência banal o libertarão para realizar o que realmente deseja, sem julgamento ou expectativas altas demais.

Você vai apreciar cada vez mais as coisas simples da vida: os prazeres de ter amigos, de criar alguma coisa, de ajudar alguém em necessidade, de ler um bom livro, de rir com alguém de que você gosta.

Que chatice, não? É porque tudo isso é comum. Mas talvez seja comum por uma razão: porque são as coisas que *realmente* importam.

4

O valor do sofrimento

Nos últimos meses de 1944, após quase uma década de guerra, a maré estava virando contra o Japão. A economia do país passava por dificuldades, seus exércitos se dispersavam por metade da Ásia e os territórios que havia conquistado pelo Pacífico caíam como peças de dominó para os Estados Unidos.

A derrota parecia inevitável.

Em 26 de dezembro de 1944, o segundo-tenente Hiroo Onoda, do Exército Imperial Japonês, foi enviado à ilhota de Lubang, nas Filipinas. Suas ordens eram desacelerar ao máximo o progresso dos Estados Unidos, resistir e lutar a todo custo, jamais se render. Tanto ele quanto seu comandante sabiam que aquela era basicamente uma missão suicida.

Em fevereiro de 1945, os norte-americanos chegaram a Lubang e conquistaram a ilha com uma força arrebatadora. Em questão de dias, a maioria dos soldados japoneses tinha se rendido ou morrido, mas Onoda e três de seus homens conseguiram se esconder na floresta. Dali em diante, começaram uma campanha de guerrilha contra as forças dos Estados Unidos e a população local, atacando rotas de abastecimento, atirando em soldados desacompanhados e atrapalhando as forças americanas de todas as formas que podiam.

Em agosto daquele ano, seis meses depois, os Estados Unidos lançaram as bombas atômicas nas cidades de Hiroshima e Nagasaki. O Japão se rendeu, e a guerra mais mortífera da história da humanidade chegou a seu dramático fim.

Contudo, milhares de soldados japoneses continuavam espalhados pelas ilhas do Pacífico, muitos deles, assim como Onoda, escondidos em florestas sem saber que a guerra acabara. Esses grupos continuaram a lutar e saquear como antes, o que configurou um grande problema na hora de reconstruir a Ásia Oriental depois da guerra. Os governos concordavam que algo precisava ser feito.

O Exército americano, junto com o governo japonês, jogou milhares de panfletos em toda a região do Pacífico, anunciando que a guerra tinha terminado e que todo mundo deveria voltar para casa. Onoda e seus homens, assim como muitos outros, encontraram e leram esses panfletos, mas, ao contrário da maioria, o tenente julgou que fossem falsos, uma armadilha das forças americanas para tirar os guerrilheiros de seu esconderijo. Onoda queimou os panfletos e continuou a lutar ao lado de seus homens.

Cinco anos se passaram. Os panfletos tinham parado de chegar, a maior parte das forças americanas já voltara para casa, a população local de Lubang tentava retomar a vida normal de agricultura e pesca, mas lá estavam Hiroo Onoda e seus alegres companheiros, ainda atirando em fazendeiros, queimando as colheitas, roubando gado e matando nativos que se embrenhassem demais na floresta. Então o governo filipino fez novos panfletos e os espalhou justamente lá, na floresta. Saiam, diziam. A guerra acabou. Vocês perderam.

Mas esses também foram ignorados.

Em 1952, o governo japonês fez uma última tentativa de atrair os soldados remanescentes ainda escondidos pelos territórios do Pacífico. Dessa vez, cartas e fotos das famílias dos soldados desaparecidos foram espalhadas, junto com um bilhete escrito pelo próprio imperador. Mais uma vez, Onoda se recusou a acreditar que a informação fosse real. Mais uma vez, julgou ser um truque dos americanos. Mais uma vez, ele e seus homens resistiram e continuaram a lutar.

Mais alguns anos se passaram e os filipinos, fartos de serem aterrorizados, finalmente se armaram e começaram a revidar. Em 1959, um dos soldados de Onoda havia se rendido, e outro fora morto. Então, uma década depois, seu último companheiro, um homem chamado Kozuka, morreu em uma troca de tiros com a polícia local enquanto queimava campos de arroz — *ainda* em guerra com a população local, um quarto de século após o término da Segunda Guerra!

Onoda, depois de passar mais da metade da vida pelas florestas de Lubang, se viu sozinho.

Em 1972, a notícia da morte de Kozuka chegou ao Japão, causando comoção. Os japoneses achavam que os últimos soldados tinham voltado para casa havia anos. A mídia japonesa começou a se perguntar: se Kozuka permanecia em Lubang até 1972, talvez o próprio Onoda, o último bastião japonês da Segunda Guerra, ainda estivesse vivo. Naquele ano, os governos japonês e filipino enviaram grupos de busca para procurar o enigmático segundo-tenente, àquela altura parte mito, parte herói, parte fantasma.

Não encontraram nada.

Com o passar dos meses, a história de Onoda se tornou uma espécie de lenda urbana no Japão — o herói de guerra tão insano que não podia ser real. Muitos o romantizavam. Outros o criticavam. Alguns achavam que fosse uma fábula inventada por quem ainda acreditava em um Japão extinto havia muito.

Foi nessa época que um jovem chamado Norio Suzuki ouviu falar de Onoda. Suzuki era aventureiro, explorador e meio hippie. Nascido depois da guerra, ele abandonara a faculdade e passara quatro anos viajando pela Ásia, a África e o Oriente Médio, dormindo em bancos de praças, carros de desconhecidos, celas de cadeia e sob as estrelas. Suzuki trabalhava em fazendas em troca de comida e doava sangue em troca de abrigo. Um espírito livre, talvez meio doidão também.

Em 1972, Suzuki precisava de uma nova aventura. De volta ao Japão, achava sufocantes as rígidas normas culturais e a hierarquia social. Detestava a faculdade. Não parava em emprego algum. Queria pegar a estrada, voltar a se virar sozinho.

Para Suzuki, a lenda de Hiroo Onoda era a solução de seus problemas. Uma aventura nova e digna para embarcar. Para Suzuki, *ele* seria a pessoa que encontraria Onoda. Bem, grupos de busca organizados pelos governos japonês, filipino e americano não conseguiram achar o homem; as forças policiais locais faziam varreduras na floresta havia trinta anos sem resultados; milhares de panfletos não tinham dado em nada — mas foda-se tudo isso, porque aquele hippie inútil que tinha largado a faculdade seria o único capaz de encontrá-lo.

Desarmado e sem treinamento militar ou de reconhecimento, Suzuki viajou para Lubang e começou a vagar sozinho pela floresta. Sua estratégia era gritar o nome de Onoda bem alto e dizer que o imperador estava preocupado com ele.

Encontrou o tenente em quatro dias.

Suzuki passou um tempo com ele na floresta. Àquela altura, Onoda estava sozinho havia mais de um ano e, ao se deparar com Suzuki, acolheu a companhia, desesperado para saber o que estava acontecendo no mundo exterior por uma fonte japonesa confiável. Os dois se tornaram meio que amigos.

Suzuki perguntou a Onoda por que ele havia permanecido e continuado a lutar. Simples, respondeu Onoda: ele recebera a ordem de "jamais se render", então ficou. Passara quase trinta anos simplesmente obedecendo a uma ordem. Então Onoda perguntou a Suzuki por que um "garoto hippie" como ele foi procurá-lo. Suzuki explicou que tinha deixado o Japão em busca de três coisas: "O tenente Onoda, um panda e o Abominável Homem das Neves, nessa ordem."

Os dois homens foram unidos pelas circunstâncias mais improváveis: dois aventureiros bem-intencionados em busca de falsas visões de glória, como um Dom Quixote e um Sancho Pança japoneses, juntos nos confins úmidos de uma floresta filipina, ambos se considerando heróis mesmo sozinhos, sem nada e com objetivos vazios. Onoda já desperdiçara a maior parte da vida numa guerra fantasma. Suzuki também desperdiçaria a dele. Depois de encontrar Hiroo Onoda e o panda, ele morreria alguns anos mais tarde, numa avalanche, enquanto buscava o Abominável Homem das Neves no Himalaia.

É comum que os seres humanos escolham dedicar grandes períodos da vida a causas aparentemente inúteis ou destrutivas. À primeira vista, são sem sentido. É difícil imaginar como Onoda pode ter sido feliz naquela ilha durante trinta anos — comendo insetos e roedores, dormindo na terra, assassinando civis década após década. Ou por que Suzuki se jogou em direção à própria morte, sem dinheiro, sem companhia e com o único propósito de encontrar o fictício yeti.

Tempos depois, Onoda declarou não se arrepender de nada. Disse que se orgulhava de suas escolhas e do tempo que passara em Lubang; que foi uma honra dedicar parte considerável de sua vida a um império já inexistente. Se Suzuki tivesse sobrevivido, provavelmente teria dito algo similar: que estava fazendo exatamente o que queria, que não se arrependia de nada.

Esses dois homens escolheram como queriam sofrer. Hiroo Onoda escolheu fazê-lo por lealdade a um império morto, enquanto Suzuki escolheu sofrer em nome da aventura, por mais imprudente que fosse. Para eles, o sofrimento tinha um *significado*, servia a uma causa maior. E foi por esse motivo que ambos conseguiram suportá-lo, talvez até gostar dele.

Se o sofrimento é inevitável, se os problemas da vida também são, a pergunta que devemos fazer não é "Como paro de sofrer?", e sim "*Pelo que* estou sofrendo? Com que propósito?".

Hiroo Onoda voltou ao Japão em 1974, onde se tornou uma celebridade. Visitava programas de entrevistas na TV e estações de rádio; políticos faziam questão de apertar sua mão; publicou um livro de memórias; o governo até lhe ofereceu uma boa quantia de dinheiro em recompensa.

Mas o que ele encontrou quando retornou ao Japão o deixou horrorizado: uma cultura consumista, capitalista e superficial, que perdera todas as tradições de honra e sacrifício com as quais sua geração havia sido criada.

Onoda tentou usar sua súbita condição de celebridade para defender os valores do antigo Japão, mas não entendia aquela nova sociedade. Ele era visto mais como uma curiosidade do que como um pensador sério — um japonês que saíra de uma cápsula do tempo para o deleite de todos, como uma relíquia num museu.

A maior ironia nisso tudo foi que Onoda ficou muito mais deprimido no Japão do que durante todos aqueles anos na floresta. Porque lá, ao menos, sua vida tinha um propósito; um sentido. Isso tornava o sofrimento tolerável e até um pouco prazeroso. Mas, no novo Japão, que ele via como uma nação vazia cheia de hippies e mulheres fáceis em roupas ocidentais, ele foi confrontado com a inevitável verdade: sua luta não valera nada. O Japão pelo qual vivera e lutara não existia mais. E o peso dessa percepção o atingiu como nenhuma bala jamais conseguira. Como seu sofrimento não significara nada, a conclusão se tornou clara e real: trinta anos desperdiçados.

Então, em 1980, Onoda fez as malas e foi para o Brasil, onde morou praticamente até morrer.

A cebola da autoconsciência

A autoconsciência é uma cebola: cheia de camadas, e quanto mais você descasca, mais provável é que comece a chorar em momentos inadequados.

Digamos que a primeira camada da autoconsciência é a simples compreensão das próprias emoções. "Assim eu me sinto feliz", "Isso me deixa triste", "Isso me dá esperança".

Infelizmente, muita gente é péssima até mesmo nesse nível mais básico. Sei disso porque sofro desse mal. Às vezes, minha esposa e eu temos conversas divertidas mais ou menos assim:

ELA: O que foi?
EU: Nada. Nada, não.
ELA: Não, aconteceu alguma coisa. O que foi?
EU: Tá tudo bem. Juro.
ELA: Tem certeza? Você parece chateado.
EU: [*com uma risada nervosa*] Sério? Não, tá tudo bem, de verdade.

[*Meia hora depois...*]

EU: ... e é por isso que eu estou puto da vida! Ele passa metade do tempo agindo como se eu não existisse.

Todos nós temos pontos cegos emocionais. Em geral, são os sentimentos que aprendemos a considerar inapropriados na infância. É preciso anos de prática e esforço para conseguir identificá-los e expressar as emoções de forma adequada. É uma tarefa extremamente importante, que vale o esforço.

A segunda camada da cebola da autoconsciência é a capacidade de se perguntar o *porquê* de certos sentimentos.

Esses *porquês* são difíceis, e muitas vezes levamos meses, ou até anos, para chegar a uma resposta consistente e precisa. A maioria das pessoas precisa recorrer a um psicólogo para sequer ouvir essas perguntas pela primeira vez. Tais questionamentos são importantes porque esclarecem o que consideramos ser sucesso ou fracasso. Por que você sente raiva? É porque não conseguiu alcançar algum objetivo? Por que se sente letárgico e sem inspiração? É porque não se considera bom o suficiente?

Essa camada de questionamento nos ajuda a entender a raiz das emoções que nos dominam. Quando entendemos essa origem, temos a chance de tomar alguma atitude para mudar.

Mas existe um terceiro nível, ainda mais profundo, da cebola da autoconsciência, e esse é cheio de lágrimas. Ele é formado pelos nossos valores pessoais: *por que* considero isso um sucesso/fracasso? Como escolho me avaliar? Qual é o padrão que uso como referência para julgar a mim mesmo e os que me cercam?

Esse nível, que requer constante questionamento e esforço, é muito difícil de alcançar, mas é justamente o mais importante, porque nossos valores determinam a natureza dos nossos problemas, e a natureza dos nossos problemas, por sua vez, determina a qualidade da nossa vida.

Os valores são a base de tudo que somos e fazemos. Se o que valorizamos é inútil, se o que escolhemos considerar sucesso ou fracasso é equivocado, qualquer coisa baseada nesses valores — pensamentos, emoções, sentimentos cotidianos — será equivocada também. No final das contas, tudo que pensamos e sentimos sobre uma situação se resume ao valor que damos a ela.

Muitas pessoas não sabem expor esses *porquês* de forma exata, e isso as impede de obter um conhecimento mais profundo de seus valores. Elas podem, é claro, *dizer* que valorizam a honestidade e os amigos verdadeiros, mas aí falam mal de você pelas suas costas para se sentirem melhores. As pessoas podem perceber que se sentem solitárias, mas quando se perguntam *por que* se sentem assim, encontram um jeito de culpar os outros — todo mundo é péssimo, ou ninguém é descolado ou inteligente o suficiente para compreendê-las — e continuam evitando o problema em vez de tentar resolvê-lo.

Muita gente chama isso de autoconsciência, mas se essas pessoas conseguissem se aprofundar e observar seus valores-base, perceberiam que só estavam evitando a responsabilidade pelos próprios problemas em vez de identificá-los. Perceberiam que as próprias decisões são baseadas na busca pela euforia, e não por uma felicidade verdadeira.

A maioria dos gurus da autoajuda também ignora esse nível mais profundo de autoconsciência. Às pessoas que estão infelizes porque querem ser ricas, eles dão vários conselhos para ganhar mais dinheiro, ignorando questões importantes baseadas em valores: em primeiro lugar, *por que* elas sentem essa necessidade de ser ricas? Como estão escolhendo medir seu sucesso ou fracasso? Será que a raiz da infelicidade que sentem não é determinado valor pessoal, em vez do fato de que ainda não estão dirigindo um Bentley?

Grande parte dos conselhos disponíveis por aí age no nível mais superficial, tentando fazer as pessoas se sentirem bem a curto prazo, enquanto os verdadeiros problemas a longo prazo nunca se resolvem. As percepções e os sentimentos das pessoas podem mudar, mas os valores-base e a forma de avaliá-los são sempre os mesmos. Não é um progresso real. É só mais uma forma de experimentar outros estados de euforia.

O autoquestionamento honesto é difícil. Requer se perguntar coisas simples que são difíceis de responder. Pelo que sei, quanto mais desconfortável for a resposta, maiores as chances de que seja verdadeira.

Tire um instante para pensar em algo que o esteja incomodando muito. Agora se pergunte *por que* isso o incomoda. É provável que a resposta envolva algum tipo de fracasso. Depois, pergunte-se por que esse fracasso lhe parece "verdadeiro". E se isso não for um fracasso? E se você estiver analisando as coisas do jeito errado?

Um exemplo recente tirado da minha vida:

"Eu me incomodo porque o meu irmão não responde às minhas mensagens."

Por quê?

"Porque fico achando que ele caga pra mim."

E por que isso lhe parece verdade?

"Porque se ele quisesse se relacionar comigo, tiraria dez segundos do dia para conversar."

Por que você vê como fracasso o fato de ele não se relacionar com você?

"Porque somos irmãos! Devemos ter um bom relacionamento!"

Estão acontecendo duas coisas aqui: um valor que considero importante e uma medida que uso para avaliar o progresso em direção a esse valor. Meu valor: irmãos devem ter um bom relacionamento. Minha medida: manter contato por telefone, mensagens ou e-mail —

é assim que meço meu sucesso como irmão. Ao me apegar a essa medida, me sinto um fracasso, o que às vezes estraga minhas manhãs de sábado.

Poderíamos ir ainda mais fundo, repetindo o processo:

Por que irmãos devem ter um bom relacionamento?
"Porque irmãos são parentes, e uma família deve ser próxima!"
Por que isso lhe parece verdade?
"Porque seus familiares devem ser mais importantes do que as outras pessoas!"
Por que isso lhe parece verdade?
"Porque ser próximo da família é 'normal' e 'saudável' e eu não tenho isso."

Nessa conversa, meu valor-base fica claro — ter um bom relacionamento com o meu irmão —, mas ainda tenho dificuldades com a métrica. Eu a rebatizei de "proximidade", mas continua sendo a mesma: ainda me julgo enquanto irmão com base na frequência do contato — e, usando essa medida, me comparo com outras pessoas que conheço. Todos os outros (ou pelo menos é o que penso) têm um relacionamento próximo com seus familiares, e eu não. Então é claro que deve haver algo errado comigo.

Mas e se eu estiver escolhendo uma medida superficial para mim e para minha vida? Quais outras verdades não estou considerando? Bom, talvez eu não precise ser *próximo* do meu irmão para ter o bom relacionamento que *valorizo*. Talvez só precise existir respeito mútuo (existe). Ou talvez a confiança mútua seja o principal (idem). Talvez essas medidas sejam formas mais eficientes de avaliar a fraternidade do que a quantidade de mensagens que trocamos.

Isso faz sentido; parece verdade. Mesmo assim, o fato de meu irmão e eu não sermos próximos dói pra caralho, e não existe nenhuma forma positiva de ver isso. Não há um jeito secreto de me sentir melhor por isso. Às vezes, irmãos — mesmo os que se amam — não têm um relacionamento próximo, e tudo bem. No começo, é difícil aceitar, mas tudo bem. O que é verdade sobre sua situação não é tão importante quanto a forma como você vê a situação, como escolhe medi-la e valorizá-la. Os problemas podem ser inevitáveis, mas o que cada problema vai significar não é. Controlamos o que nossos problemas significam ao escolhermos como os vemos e o padrão que usamos para medi-los.

Problemas de rockstar

Em 1983, um jovem e talentoso guitarrista foi expulso de sua banda da pior forma possível. A banda acabara de assinar um contrato e estava prestes a gravar o primeiro disco, mas deu um pé na bunda do guitarrista apenas dias antes de começarem a gravação. Sem preparação, sem discussão, sem drama: um dia acordaram o cara e lhe entregaram uma passagem de ônibus para casa.

No ônibus, voltando de Nova York para Los Angeles, o guitarrista não parava de se perguntar: *Como isso aconteceu? O que eu fiz de errado? O que vou fazer agora?* Contratos de gravação não caem do céu, ainda mais para bandas de metal barulhentas em início de carreira. Será que ele tinha perdido sua única chance?

Quando chegou a Los Angeles, o guitarrista já tinha superado a autopiedade e decidido formar uma nova banda. Essa nova banda seria tão bem-sucedida que a antiga se arrependeria para sempre da decisão de tê-lo expulsado. Ele ficaria tão famoso que os ex-colegas seriam forçados a passar décadas vendo-o na TV, ouvindo-o no rádio, vendo-o em cartazes nas ruas e em fotos de revistas. Eles estariam fritando hambúrgueres em alguma lanchonete ou carregando os equipamentos nas costas depois de mais um show de merda num pé-sujo qualquer, todos gordos e bêbados e morando em chiqueiros, enquanto ele estaria tocando para estádios lotados com transmissão ao vivo pela televisão. Ele se banharia nas lágrimas dos traidores e secaria cada uma delas com uma nota de cem dólares novinha em folha.

O guitarrista passou a trabalhar como se possuído por um demônio musical. Passou meses recrutando os melhores instrumentistas que encontrava — todos muito melhores que seus ex-colegas de banda. Escreveu dezenas de músicas e ensaiou religiosamente. A raiva alimentou sua ambição; a vingança se tornou sua musa inspiradora. Em poucos anos, a nova banda também tinha assinado um contrato e, um ano depois, ganharia um disco de ouro.

O guitarrista se chamava Dave Mustaine, e seu novo projeto era a lendária banda de heavy metal Megadeth. Venderam mais de vinte e cinco milhões de discos e fizeram várias turnês mundiais. Hoje, Mustaine é considerado um dos nomes mais brilhantes e influentes da história do gênero musical.

Infelizmente, a banda que o expulsou se chamava Metallica, que vendeu mais de cento e oitenta milhões de discos em todo o mundo e que muitos consideram uma das melhores bandas de rock de todos os tempos.

Por causa disso, uma rara entrevista íntima em 2003 revelou um Mustaine choroso admitindo que *ainda* se sentia um fracassado. Apesar de tudo que conquistou, em sua mente ele sempre seria o cara que foi expulso do Metallica.

Somos animais. Nos consideramos muito sofisticados com nossos micro-ondas e sapatos de marca, mas não passamos de um bando de animais bem enfeitados. E, por sermos animais, instintivamente avaliamos a nós mesmos a partir do que vemos nos outros, competindo por status. A questão, portanto, não é *se* nossa autoavaliação tem como referência o que vemos nos outros, e sim *qual referência* é essa.

Dave Mustaine, consciente disso ou não, escolheu se avaliar segundo o padrão "ser mais bem-sucedido ou mais popular que o Metallica". Foi tão doloroso ser expulso de seu antigo grupo que ele adotou o "sucesso relativo ao do Metallica" como medida para avaliar a si mesmo e a própria carreira musical.

Apesar de ter transformado um incidente difícil em algo positivo, ao criar o Megadeth, a escolha de Mustaine de se ater ao sucesso do Metallica como parâmetro de sucesso continuou a prejudicá-lo por décadas. Apesar de todo o dinheiro, fãs e elogios, ele ainda acreditava ter fracassado.

Bem, você e eu podemos achar cômica a situação de Dave Mustaine. Olha só o cara, cheio da grana, adorado por centenas de milhares de pessoas, trabalhando com o que gosta e *mesmo assim* fica se lamentando pelos cantos porque seus amiguinhos de vinte anos atrás são muito mais famosos.

Isso é porque você e eu temos valores diferentes dos de Mustaine e nos avaliamos segundo outros parâmetros. Provavelmente os nossos estão mais para "Quero trabalhar com um chefe que eu não odeie",

"Quero ter dinheiro para colocar meu filho numa escola boa" ou "Me dou por satisfeito em não acordar num valão". Segundo esses parâmetros, Mustaine é extremamente bem-sucedido. Mas, pelo parâmetro *dele* — "Ser mais popular e mais bem-sucedido que o Metallica" —, Mustaine é um fracassado.

Nossos valores determinam o parâmetro segundo o qual avaliamos as outras pessoas e nós mesmos. O valor de lealdade de Onoda ao império japonês foi o que o sustentou em Lubang por quase trinta anos, mas esse mesmo valor o deixou infeliz ao retornar ao Japão. O parâmetro de Mustaine, ser melhor que o Metallica, provavelmente o impulsionou a construir uma carreira musical extremamente bem-sucedida, mas esse mesmo parâmetro o torturou mais tarde, apesar de todo o seu sucesso.

Se você deseja mudar sua forma de ver os problemas, precisa mudar seus valores e/ou sua forma de medir fracassos e sucessos.

Como exemplo, vamos analisar outro músico que foi expulso de sua banda. A história dele é muito parecida com a de Dave Mustaine, embora tenha acontecido duas décadas antes.

Era 1962. Uma nova banda de Liverpool, Inglaterra, estava despertando interesse. Os integrantes tinham cortes de cabelo engraçados e um nome mais engraçado ainda, mas a música era inegavelmente boa, e a indústria fonográfica começava enfim a notá-la.

Eram eles: John, vocalista e compositor; Paul, o baixista romântico com carinha de menino; George, o guitarrista rebelde; e... o baterista.

O baterista era considerado o mais bonito do grupo. Todas as garotas enlouqueciam por ele, e seu rosto foi o primeiro a aparecer nas revistas. Ele era também o mais profissional. Não usava drogas, namorava sério... Alguns executivos achavam até que *ele* deveria ser o rosto da banda, não John ou Paul.

Chamava-se Pete Best. Em 1962, depois que os Beatles assinaram seu primeiro contrato de gravação, os outros três integrantes tomaram uma decisão em segredo e exigiram que seu empresário, Brian Epstein, demitisse Pete. O empresário sofreu para atender ao pedido e, por gostar de Pete, ficou postergando o momento, na esperança de que a banda mudasse de ideia.

Meses depois, apenas três dias antes de começarem a gravação do primeiro disco, Brian Epstein finalmente chamou Pete para conversar.

Sem a menor cerimônia, mandou o baterista dar o fora e encontrar outra banda. Não deu nenhuma explicação nem prestou condolências — só disse que os outros queriam que ele saísse e, bem, boa sorte aí.

O substituto escolhido foi um cara esquisito com um narigão engraçado chamado Ringo Starr. Ele concordou em adotar o mesmo cabelo ridículo de John, Paul e George e insistiu em escrever músicas sobre polvos e submarinos. Os outros caras disseram: Claro, manda ver, por que não?

Apenas seis meses após a demissão de Pete, a febre da Beatlemania estava a toda, fazendo de John, Paul, George e Ringo quatro dos rostos mais famosos do planeta.

Enquanto isso, Pete caiu numa profunda e compreensível depressão e passou a dedicar seu tempo ao que qualquer britânico faz se tiver motivo: beber.

O restante dos anos 1960 não foram mais gentis com Pete Best. Antes de 1965 ele já havia processado dois dos Beatles por calúnia e fracassado miseravelmente em todos os seus outros projetos musicais. Em 1968, tentou suicídio, só desistindo de desistir graças à mãe. Em resumo, sua vida era um desastre.

Pete Best não teve a mesma história de redenção de Dave Mustaine. Não se tornou um astro mundial nem ganhou milhões. No entanto, Best se deu melhor que Mustaine em muitas áreas. Numa entrevista de 1994, ele declarou: "Sou mais feliz do que teria sido com os Beatles."

Como assim?

Pete Best explicou que a expulsão dos Beatles foi o que o levou a conhecer a esposa, com quem veio a ter filhos. Seus valores mudaram: ele passou a avaliar sua vida segundo outros parâmetros. Fama e glória teria sido ótimo, é claro, mas Pete compreendeu a dimensão maior do que tinha conquistado: uma família grande e amorosa, um casamento estável, uma vida tranquila. Ele não deixou de tocar bateria, fez turnês pela Europa e gravou discos até o final dos anos 2000. Então, o que ele realmente perdeu? Apenas muita atenção e adulação, embora tenha ganhado algo muito mais significativo.

Essas histórias sugerem que alguns valores e parâmetros são melhores que outros. Alguns conduzem a problemas bons (do tipo fácil e simples de resolver), enquanto outros levam a problemas ruins (do tipo difícil e complexo de resolver).

Valores escrotos

Alguns valores só fazem criar problemas — problemas complexos de se resolver. Então, vamos avaliar brevemente alguns desses valores escrotos:

1. *Prazer.* Prazer é ótimo, mas é também um péssimo valor no qual basear sua vida. Pergunte a qualquer viciado em drogas aonde sua busca por prazer o levou. Pergunte ao adúltero que viu sua família se desintegrar e que afastou os filhos se o prazer o deixou feliz. Pergunte a alguém que ficou à beira da morte por causa da gula excessiva se o prazer o ajudou a resolver seus problemas.

   O prazer é um falso deus. Pesquisas mostram que concentrar energia em prazeres superficiais leva a ansiedade, instabilidade emocional e tristeza extrema. O prazer é o meio mais superficial de se obter satisfação; por consequência, essa satisfação é a mais fácil de obter, mas também a mais fácil de perder.

   Apesar disso, o prazer é vendido vinte e quatro horas por dia, sete dias por semana. É nele que nos fixamos. É a substância que usamos para nos entorpecer e nos distrair. Porém, embora necessário (em pequenas doses), o prazer não é suficiente.

   O prazer não é causa para a felicidade: é efeito dela. Se você acertar no restante (outros valores e parâmetros), o prazer virá naturalmente, como consequência.

2. *Sucesso material.* Muitas pessoas medem seu valor pessoal com base no dinheiro que ganham, no carro que dirigem ou num gramado mais verde que o do vizinho.

   Pesquisas indicam que, tendo nossas necessidades físicas básicas (comida, abrigo etc.) supridas, a correlação entre felicidade e sucesso material a partir desse ponto se aproxima rapidamente do zero. Isto é: se você passa fome e mora na sarjeta, dez mil dólares a mais por ano teria um grande impacto no seu nível de felicidade; para a classe média de um país bem estruturado, dez mil dólares a mais por ano quase não teria impacto na sua vida — o que significa que você está se matando de trabalhar por basicamente nada.

O outro problema da supervalorização do sucesso material é o perigo de priorizá-lo acima de outros valores, como honestidade, civilidade e compaixão. Quando as pessoas avaliam a si mesmas não por seu comportamento, mas pelos símbolos de status atrelados a elas, estão sendo não só superficiais como idiotas também.

3. *Estar sempre certo.* Nosso cérebro é uma máquina falha. Estamos sempre fazendo suposições incorretas, avaliando mal as probabilidades, rememorando eventos de forma imperfeita, cedendo a predisposições cognitivas e obedecendo aos nossos caprichos emocionais. Sendo humanos, é muito comum nos enganarmos, por isso se a sua medida de sucesso é estar certo, você vai encontrar dificuldade em racionalizar todas essas merdas que alimenta na sua cabeça.

    O fato é: quem quer estar certo em tudo para valorizar a si mesmo não consegue aprender com os próprios erros. Pessoas que se baseiam nesse parâmetro não têm a capacidade de aceitar novas perspectivas e ter empatia. Elas se fecham para informações novas e importantes.

    É muito mais útil se presumir ignorante e limitado. Isso vai libertá-lo de crenças supersticiosas ou equivocadas e colocá-lo num estado constante de aprendizagem e crescimento.

4. *Otimismo implacável.* Há quem avalie a vida segundo a capacidade de ser otimista em relação a quase tudo. Perdeu o emprego? Ótimo! Uma oportunidade de explorar novas paixões. Seu marido traiu você com sua irmã? Bem, pelo menos você descobriu o que realmente significa para aqueles que a cercam. Seu filho está morrendo de câncer no esôfago? Bem, ao menos você não vai precisar pagar a universidade!

    Ainda que exista valor em "ver o lado bom das coisas", a verdade é que às vezes a vida é uma droga mesmo, e a atitude mais saudável é admitir isso.

    Negar sentimentos negativos só os aprofunda e prolonga, levando a problemas emocionais sérios. Positividade constante é uma forma de fuga, não uma solução válida para os problemas da vida — sobretudo porque esses problemas podem revigorá-lo e motivá-lo se os valores e medidas corretos forem aplicados.

É simples: coisas dão errado, pessoas cometem erros, acidentes acontecem. Tudo isso deixa a gente na merda. E tudo bem. Sentir-se mal é um componente imprescindível da saúde emocional. Negar sentimentos ruins é *perpetuar* problemas em vez de solucioná-los.

Quando se trata de emoções negativas, o truque é: 1) expressá-las de um jeito socialmente aceitável e saudável e 2) expressá-las de uma forma que esteja alinhada aos seus valores. Exemplo simples: um dos meus valores é a não violência. Então, quando fico com raiva de alguém, posso expressar esse sentimento, mas sempre tomando o cuidado de não dar um soco na cara de quem me irritou. É uma ideia radical, eu sei. Mas a raiva não é o problema. A raiva é natural. Faz parte da vida. A raiva é, sem dúvida, saudável em muitas situações. (Não esqueça que as emoções são apenas um mecanismo de resposta.)

O problema seria socar as pessoas. A raiva é apenas o mensageiro do meu punho na sua cara. Não culpe o mensageiro. Culpe meu punho (ou sua cara).

Quando nos forçamos a ser otimistas o tempo todo, negamos a existência dos problemas. E quando negamos nossos problemas, nos privamos da chance de resolvê-los e de criar felicidade. Os problemas geram uma sensação de propósito e dão substância à vida. Por isso, evitá-los é o mesmo que levar uma existência sem sentido (mesmo que supostamente agradável).

A longo prazo, terminar uma maratona nos deixa mais felizes do que comer um bolo de chocolate. Criar um filho nos deixa mais felizes do que ganhar uma partida de videogame. Abrir uma pequena empresa com amigos e vencer dificuldades financeiras nos deixa mais felizes do que comprar um computador novo. São atividades estressantes, árduas e muitas vezes desagradáveis, além de trazer consigo inúmeros problemas, mas, ao mesmo tempo, são as que nos proporcionam os momentos mais marcantes e constituem nossas maiores alegrias. Atividades como essas envolvem dor, cansaço, raiva e até desespero — mas, depois de concluídas, olhamos para trás emocionados. É o que contaremos aos nossos netos.

É como Freud disse: "Um dia, quando olhar para trás, os anos de luta lhe parecerão os mais bonitos."

Isso explica por que não devemos pautar nossa existência em valores escrotos — prazer, sucesso material, estar sempre certo e otimismo implacável. Alguns dos melhores momentos da vida *não são* prazerosos, *não são* grandiosos, *não são* reconhecidos e *não são* positivos.

O importante é ter bons valores e bons parâmetros, e o prazer e o sucesso virão como consequências naturais. Se tomados como valores em si, trazem apenas euforias vazias.

Definindo valores bons e ruins

Bons valores são 1) realistas, 2) socialmente construtivos e 3) imediatos e controláveis.

Valores ruins são 1) supersticiosos, 2) socialmente nocivos e 3) não imediatos nem controláveis.

A honestidade é um bom valor porque está sob nosso total controle, é baseada na realidade e beneficia outras pessoas (mesmo que às vezes seja desagradável). Já a popularidade é um valor ruim — se considerá-la como valor, sendo seu parâmetro de sucesso ser o cara/a garota mais popular da festa, grande parte do que acontecer na sua vida estará fora do seu controle. Afinal, você não sabe quem mais comparecerá à festa e provavelmente não vai conhecer metade dos convidados. Além do mais, não é um valor/parâmetro que se baseie na realidade: você pode se *sentir* popular ou não, mas na verdade não tem como saber o que os outros acham de você. (Observação: em geral, as pessoas que morrem de medo da opinião alheia têm medo é de que os outros pensem o mesmo que elas pensam de si mesmas.)

Alguns exemplos de valores bons e saudáveis: honestidade, autoaprimoramento, humildade, autoconsciência, autodefesa, defesa dos outros, autorrespeito, interesse pelo novo, altruísmo, humildade, criatividade.

Alguns exemplos de valores ruins e não saudáveis: alcançar o poder através de manipulação ou violência, fazer sexo indiscriminado, sentir-se bem o tempo todo, ser sempre o centro das atenções, não ficar sozinho, ser amado por todos, ser rico só pela riqueza, sacrificar pequenos animais aos deuses pagãos.

Repare que os valores bons e saudáveis são alcançados internamente. Coisas como criatividade ou humildade podem acontecer agora mesmo. Basta orientar sua mente nesse sentido. São valores imediatos, controláveis e capazes de nos envolver com o mundo como ele é, não como queremos que seja.

Valores ruins geralmente dependem de eventos externos: voar de jatinho particular, ouvir que você está certo o tempo todo, ter uma casa nas Bahamas, comer um delicioso cannoli durante o melhor sexo da sua vida. Valores ruins, mesmo que às vezes sejam divertidos ou prazerosos, estão fora do seu controle e muitas vezes só são alcançados por meios socialmente nocivos ou supersticiosos.

Todo mundo adoraria comer um bom cannoli ou ter uma casa nas Bahamas, mas valores representam prioridades, essa é a questão. Quais são os valores que você prioriza acima de tudo e que, portanto, influenciam suas decisões?

O valor mais importante para Hiroo Onoda era a total lealdade e prontidão ao império japonês. Esse valor, caso você não tenha concluído ao ler sobre ele, era pior que sushi podre. Criou problemas terríveis para Onoda, como ficar preso em uma ilha remota, se alimentando de insetos e larvas por trinta anos. Ah, e também fez Onoda se sentir obrigado a assassinar civis inocentes. Então, apesar de se considerar um sucesso e de corresponder à própria medida, acho que todos concordamos que a vida de Onoda foi uma porcaria — ninguém trocaria de lugar com ele em sã consciência, nem aprovaria seus atos.

Dave Mustaine conseguiu fama e glória e mesmo assim se sentia um fracasso. Isso porque adotou um valor muito ruim, com base em uma comparação arbitrária com o sucesso dos outros. Esse valor gerou necessidades terríveis, como "Eu preciso vender cento e cinquenta milhões de discos, e *aí* vai ficar tudo às mil maravilhas" e "Na próxima turnê só faremos shows em estádios gigantescos" — problemas que ele achava que precisava resolver para ser feliz. Não é surpresa que não tenha conseguido.

Já Pete Best tirou um coelho da cartola. Apesar de deprimido e abalado ao ser expulso dos Beatles, com o passar dos anos ele aprendeu a reformular suas prioridades, concentrando-se no que realmente importava, e a avaliar sua vida sob uma nova perspectiva. Pete se tornou um senhor feliz e saudável, com uma vida tranquila e uma grande família — coisas que, ironicamente, os quatro Beatles passariam décadas tentando alcançar ou manter.

Quando nutrimos valores ruins, ou seja, padrões baixos estabelecidos para nós e para os outros, nos importamos com coisas que não merecem atenção e que no fundo tornam nossa vida pior. Quando escolhemos valores melhores, direcionamos nosso foco para o positivo: para aquilo que realmente importa, que nos proporciona bem-estar, felicidade, prazer e sucesso.

Tudo isso é, em suma, a essência do "autoaperfeiçoamento": priorizar valores melhores é escolher se importar com coisas melhores. Essas coisas nos trazem problemas melhores, e, com eles, a vida é melhor.

O restante deste livro é dedicado a cinco valores inusitados que acredito serem os mais benéficos a se adotar. Todos seguem a "lei do esforço invertido" sobre a qual já falamos, no sentido de que são valores "negativos". Todos exigem que você enfrente os problemas mais profundos em vez de evitá-los recorrendo a euforias. São cinco valores pouco convencionais e desconfortáveis, mas que podem mudar vidas.

O primeiro, que analisaremos no próximo capítulo, é radical: assumir a responsabilidade por tudo que acontece na sua vida, não importa de quem seja a culpa. O segundo é a incerteza: o reconhecimento da ignorância e o cultivo da dúvida constante em relação às próprias crenças. O terceiro é o fracasso: a disposição a descobrir suas falhas e seus erros, para que possam ser melhorados. O quarto é a rejeição: a capacidade de dizer e ouvir não, definindo claramente o que aceitar ou rejeitar. O valor final é a contemplação da própria mortalidade — este é crucial, porque se manter atento à própria morte talvez seja a única maneira de manter todos os outros valores em perspectiva.

5

Você está sempre fazendo escolhas

Imagine que alguém coloque uma arma na sua cabeça e ameace matar você e toda a sua família se você não correr quarenta e dois quilômetros em menos de cinco horas.

Seria terrível.

Agora imagine que você tenha comprado roupas esportivas e um bom tênis, treinado religiosamente por meses e completado sua primeira maratona, encontrando na linha de chegada parentes e amigos torcendo por você.

Poderia ser um dos seus grandes momentos, o de maior orgulho da sua vida.

Exatamente os mesmos quarenta e dois quilômetros. Exatamente a mesma pessoa correndo essa distância. Exatamente a mesma dor, nas mesmas pernas. Mas quando você escolhe determinado desafio por livre e espontânea vontade e se prepara para isso, o evento se torna um marco glorioso na sua vida. Se é forçado, no entanto, pode ser uma das experiências mais apavorantes e dolorosas imagináveis.

Muitas vezes, a única diferença entre um evento doloroso e um poderoso é a sensação de que *escolhemos* passar por aquilo, de que somos responsáveis pelo nosso destino.

Se você está infeliz na situação atual, é provável que tenha a sensação de que o problema está, ao menos em parte, fora de controle — de que você não tem como resolvê-lo, de que aquilo lhe foi imposto, sem possibilidade de escolha.

Quando acreditamos ter escolhido nossos problemas, nos sentimos empoderados. O oposto acontece quando achamos que eles nos foram impostos: nos sentimos vitimados e infelizes.

A escolha

William James tinha problemas. Problemas sérios.

Embora pertencesse a uma família rica e importante, desde o nascimento William enfrentava complicações de saúde que ameaçavam sua sobrevivência: um problema oftalmológico que o deixou temporariamente cego na infância; um problema no estômago que lhe causava vômitos constantes e o forçou a adotar uma dieta absurdamente específica; deficiências auditivas; espasmos tão violentos nas costas que passava dias sem conseguir se levantar ou mesmo se sentar.

Em virtude da saúde frágil, William James passava a maior parte do tempo em casa. Quase não tinha amigos e se saía mal na escola. Passava os dias pintando. A arte era a única atividade que lhe agradava e também a única em que se considerava bom.

Infelizmente, só ele achava isso. Ninguém comprava seu trabalho, mesmo quando William já chegara à idade adulta. Com o passar dos anos, seu pai (um empresário rico) começou a ridicularizá-lo pela preguiça e a falta de habilidades.

Enquanto isso, o irmão mais novo, Henry James, se tornou um escritor reconhecido mundialmente; a irmã, Alice James, também construiu uma boa carreira como escritora. William era o esquisitão da família, a ovelha negra.

Numa tentativa desesperada de salvar o futuro do jovem, o pai de William acionou seus contatos para conseguir uma vaga na faculdade de medicina de Harvard. Era sua última chance, alertou o pai. Se ele estragasse tudo, não haveria mais esperança.

Mas William nunca se sentiu em casa nem em paz na Universidade de Harvard. A medicina não o atraía. Passava o tempo todo se sentindo uma fraude. Afinal, se não conseguia superar os próprios problemas de saúde, como poderia esperar ter energia para ajudar na saúde alheia? Certo dia, depois de visitar uma unidade psiquiátrica, William escreveu em seu diário que sentia ter mais em comum com os pacientes do que com os médicos.

Alguns anos depois, novamente para a decepção do pai, William abandonou a faculdade. Mas, em vez de lidar com o peso da ira paterna, decidiu fugir: juntou-se a uma expedição antropológica para a Amazônia.

Isso foi na década de 1860, quando a viagem transcontinental era difícil e perigosa. Se você jogou *Oregon Trail* no computador quando era criança, imagine a coisa mais ou menos daquele jeito, com disenteria, bois se afogando e tudo o mais.

Bem, apesar de tudo, William chegou à Amazônia, onde começaria a verdadeira aventura. Por incrível que pareça, sua saúde frágil suportou o trajeto, mas, logo no primeiro dia da expedição, William contraiu varíola e quase morreu ali mesmo, na floresta.

Foi quando os espasmos nas costas retornaram, tão dolorosos que o impediam de andar. Ou seja: estava magro e desnutrido por causa da varíola, imobilizado pelo problema nas costas e abandonado em plena floresta tropical (o restante da expedição seguira sem ele), sem ter como voltar (ele provavelmente não resistiria à jornada de meses naquele estado).

James acabou dando um jeito de voltar para a Nova Inglaterra, onde foi recebido por um pai decepcionado (mais do que antes). A essa altura, já não era mais tão jovem — tinha quase trinta anos —, ainda estava desempregado, tinha fracassado em tudo que tentara realizar e estava preso a um corpo pouco confiável que não tinha muitas chances de melhorar. Apesar das vantagens e oportunidades que tivera na vida, tudo dera errado. As únicas constantes pareciam ser o sofrimento e a decepção. William James caiu em depressão profunda e começou a pensar em suicídio.

Certa noite, enquanto lia um texto do filósofo Charles Peirce, William decidiu fazer um pequeno experimento. Em seu diário, escreveu que passaria um ano acreditando ser cem por cento responsável por tudo que ocorria em sua vida, fosse o que fosse. Durante esse período, ele faria tudo que estivesse ao alcance para mudar sua situação, mesmo que as chances de dar certo parecessem nulas. Se nada melhorasse naquele ano, ficaria claro que ele realmente era impotente diante das circunstâncias da vida, e, diante disso, William James se mataria.

O resultado? William James se tornou o pai da psicologia norte-americana. Sua obra foi traduzida para uma cacetada de idiomas, e ele é considerado um dos intelectuais/filósofos/psicólogos mais influentes de sua geração. Posteriormente, ele se tornou professor de Harvard e cruzou Estados Unidos e Europa dando palestras. Casou-se e teve cinco filhos (um dos quais, Henry, foi um famoso biógrafo e ganhou o Prêmio Pulitzer). William James chegou a se referir ao pequeno experimento como seu "renascimento", a causa de *tudo* que conquistara na vida.

Existe uma percepção simples que permite todo tipo de melhora e crescimento pessoal: a de que nós, individualmente, somos responsáveis por nossa vida como um todo, sejam quais forem as circunstâncias externas.

Nem sempre dá para controlar o que acontece conosco, mas *sempre* podemos definir nossa interpretação dos acontecimentos e nossa reação a eles.

Tendo ou não essa consciência, sempre somos responsáveis pelo caminho que tomamos. É impossível não ser. *Não* interpretar conscientemente os acontecimentos já é uma interpretação. *Não* reagir aos acontecimentos já é uma reação. Mesmo que você seja atropelado por uma carrocinha de pipoca e um monte de crianças ria da sua cara, ainda é *sua responsabilidade* interpretar o significado disso e escolher como reagir.

Gostemos disso ou não, estamos *sempre* assumindo um papel ativo no que acontece conosco e dentro de nós. Estamos sempre atribuindo significados a momentos e eventos. Sempre escolhemos ou reafirmamos os valores que norteiam nossos atos e os parâmetros segundo os quais avaliamos tudo que nos acontece. Muitas das circunstâncias dependem unicamente do parâmetro de avaliação, não sendo intrinsecamente boas ou ruins.

A questão é: estamos escolhendo *sempre*, de modo consciente ou não. Sempre.

Isso tem íntima relação com o fato de que é impossível não se importar com coisa alguma. Mesmo. Não se importar com *nada* ainda é se importar com *alguma coisa*.

A pergunta que nos cabe fazer é: eu escolho me importar com o quê? Escolho basear minhas ações em quais valores? Escolho avaliar minha vida segundo quais parâmetros? E será que escolhi parâmetros *bons*? Bons parâmetros e bons valores?

A falácia da responsabilidade/culpa

Anos atrás, quando eu era bem mais jovem e bem mais idiota, publiquei um post no meu blog que se encerrava mais ou menos assim: "É como disse um grande filósofo: 'Com grandes poderes, vêm grandes responsabilidades.'" Achei que soava legal, marcante. Embora eu não conseguisse lembrar quem era o autor da frase e minha pesquisa no Google tivesse sido infrutífera, postei mesmo assim. A frase era perfeita para o post.

Uns dez minutos depois chegou o primeiro comentário: "Acho que esse grande filósofo é o tio Ben, do Homem-Aranha."

Como disse outro grande filósofo: *Putz!*

"Com grandes poderes, vêm grandes responsabilidades." São as últimas palavras de tio Ben, logo antes de morrer pelas mãos de um bandido que Peter Parker deixa escapar. Ben morre, caído no meio da rua cheia de gente passando pra lá e pra cá, sem a menor razão de ser. Ben, o *grande filósofo*.

Todo mundo já ouviu essa frase. Ela é muito repetida — em geral com ironia, depois de umas sete cervejas. Uma daquelas citações perfeitas que parece muito inteligente, mas que basicamente só está dizendo algo que você já sabe, mesmo que nunca tenha pensado no assunto.

"Com grandes poderes, vêm grandes responsabilidades."

É verdade. Mas existe uma versão melhor dessa frase, uma que é *realmente* profunda. Basta trocar os substantivos de lugar: com grandes responsabilidades, vêm grandes poderes.

À medida que assumimos a responsabilidade por nossa vida, mais poder adquirimos para mudá-la. Assim, aceitar-se responsável é o primeiro passo para resolver seus problemas.

Um conhecido meu estava convencido de que não arranjava namorada porque era baixo demais. O cara era culto, interessante e bonito — um bom partido, em teoria —, mas estava resolutamente convencido de que era desprezado pelas mulheres por ser muito pequeno.

E como *ele* se julgava baixo demais, não saía muito. Nas poucas vezes que criava coragem e conversava com alguém, ficava atento aos menores indícios de rejeição a sua aparência física e depois se convencia de que a mulher em questão não tinha gostado dele. Como é de se imaginar, a vida amorosa do cara era um marasmo.

O que esse sujeito não percebia era que *ele* tinha escolhido o valor que o prejudicava: a altura. Na cabeça dele, ser alto era imprescindível para impressionar as mulheres. Não tinha jeito: ele estava ferrado.

O valor que ele escolheu lhe tirava o poder e o colocava numa situação péssima: não ser alto o suficiente num mundo feito (na visão dele) para pessoas altas. Ele poderia ter adotado valores muito melhores para guiar sua vida amorosa. "Só vou sair com mulheres que gostem de mim como eu sou" seria um bom ponto de partida, pois se baseia em valores como honestidade e aceitação. Mas ele preferiu outro caminho. Provavelmente nem percebia que *estava* escolhendo um valor (não sabia sequer que *podia* escolher). Mesmo sem perceber, ele era responsável pelos próprios problemas.

Mesmo assim, continuava a reclamar: "Mas eu não tenho escolha", dizia ao barman. "Não tem nada que eu possa fazer! As mulheres são superficiais, nunca vão gostar de mim!" Sim, se um cara de pensamento limitado, mergulhado na autopiedade e que age de acordo com valores de merda sofre rejeição, *é culpa de todas as mulheres*. Óbvio.

Muita gente hesita em assumir a responsabilidade por seus problemas porque acredita que ser *responsável* por eles é ser também *culpado*.

Em nossa cultura, responsabilidade e culpa costumam caminhar juntas, embora não sejam sinônimos. Se eu bato no seu carro, não só tenho culpa como sou legalmente responsável por compensá-lo de alguma forma. Não importa se foi um acidente; continuo sendo responsável pelas consequências. É assim que a culpa funciona hoje em dia: fez merda, então conserta. E é assim que deve ser.

Ao mesmo tempo, existem problemas que são de nossa responsabilidade mesmo que a *culpa* não seja nossa.

Por exemplo: um dia você acorda e encontra um bebê recém-nascido na sua porta. Não é culpa sua que ele tenha sido colocado ali, mas o bebê passa a ser de sua *responsabilidade*. Você precisa escolher o que fazer, e qualquer escolha que fizer (adotar o bebê, se livrar dele, ignorá-lo, mandá-lo pegar um táxi para casa) vai gerar problemas — pelos quais você também será responsável.

Os juízes não escolhem o que julgar. Quando um caso vai ao tribunal, o juiz não cometeu o crime, não o testemunhou nem foi vítima, mas é *responsável* pelo crime. Esse juiz precisa escolher as consequências daquele ato; deve identificar o parâmetro apropriado para avaliá-lo e garantir que a avaliação seja consistente.

O tempo todo somos responsabilizados por atos dos quais não temos culpa. É a vida.

Eis uma forma simples de diferenciar mais claramente os dois conceitos: culpa é passado, responsabilidade é presente. A culpa aponta para escolhas já feitas, enquanto a responsabilidade aponta para escolhas sendo feitas agora, a cada segundo de cada dia. Você está escolhendo ler isto. Está escolhendo pensar sobre os conceitos. Está escolhendo adotá-los ou não. Pode ser culpa *minha* se você achar essas ideias ridículas, mas *você* é responsável pelas suas conclusões. Não é culpa *sua* eu ter escolhido escrever esta frase, mas cabe a você a responsabilidade por escolher lê-la (ou não).

Existe uma diferença entre culpar alguém pela sua situação e esse alguém ser realmente responsável por aquilo. Ninguém além de você é responsável pela sua situação. Muita gente pode ser culpada pela sua infelicidade, mas ninguém além de você será *responsável* por isso. É *você* quem escolhe como ver o que vive, como reagir aos acontecimentos e avaliá-los. É sempre você quem escolhe o parâmetro a seguir ao avaliar suas experiências de vida.

Minha primeira namorada me deu um pé na bunda espetacular: ela estava me traindo com um professor. Foi incrível. E por incrível quero dizer que senti como se estivesse levando uns duzentos e cinquenta e três socos no estômago. Resolvi confrontá-la, mas isso só piorou tudo, porque ela imediatamente me trocou pelo professor. Três anos de relacionamento foram pelo ralo, assim, sem mais nem menos.

Passei meses infeliz, naturalmente, e a responsabilizei por minha infelicidade. O que não me levou muito longe. Pelo contrário: só me deixou ainda mais infeliz.

Porque eu não tinha controle sobre ela, sabe? Por mais que eu telefonasse, gritasse, implorasse para voltar, aparecesse de surpresa na casa dela e fizesse outras coisas típicas de ex-namorados irracionais, eu jamais conseguiria controlar as emoções e atitudes dela. No fim das contas, ainda que minha ex fosse *culpada* por eu me sentir um lixo, ela nunca foi *responsável* por isso. O responsável era eu.

Em certo ponto, depois de lágrimas e álcool suficientes, meu raciocínio começou a mudar e entendi que, embora ela tivesse feito algo horrível comigo e fosse culpada por isso, agora era responsabilidade minha ser feliz de novo. Ela nunca ia voltar e consertar minha vida. Isso caberia a mim.

Algumas coisas aconteceram a partir do momento em que adotei esse pensamento. Primeiro, comecei a melhorar. Voltei a malhar e a ter contato com os amigos (que eu vinha negligenciando). Tentei conhecer gente nova. Fiz uma longa viagem ao exterior e me engajei em trabalho voluntário. Aos poucos, fui me sentindo melhor.

Eu ainda me ressentia pelo que minha ex tinha feito, mas pelo menos estava assumindo a responsabilidade pelas minhas emoções. Isto é, estava escolhendo valores melhores — com o propósito de me cuidar e de aprender a me sentir melhor comigo mesmo, não apenas de consertar o que ela tinha estragado.

(Aliás, essa baboseira de "considerá-la responsável pelas minhas emoções" deve ter sido parte do que a levou a me largar. Daqui a alguns capítulos falarei mais sobre isso.)

Cerca de um ano depois, começou a acontecer uma coisa engraçada. Quando eu relembrava nosso relacionamento, notava problemas que nunca tinha percebido, problemas que eram culpa *minha*, que *eu* poderia ter resolvido. Percebi que talvez eu não tivesse sido um namorado muito sensacional e que ninguém trai o outro do nada, que para isso é preciso estar infeliz por algum motivo.

Não estou dizendo que isso redime minha ex. Nem pensar. É só que reconhecer meus erros me ajudou a perceber que talvez eu não fosse a vítima inocente que acreditava ser; desempenhei um papel ao permitir que um relacionamento problemático durasse tanto tempo. Afinal, casais geralmente têm valores parecidos. E, se namorei alguém com valores deturpados por tanto tempo, o que isso dizia sobre mim e meus valores? Aprendi do pior jeito possível que se as pessoas com quem você se relaciona são egoístas e prejudicam outras pessoas, é provável que você também seja assim, mesmo que não saiba disso.

Ao avaliar o passado, vi sinais de alerta na personalidade da minha ex, sinais que na época escolhi ignorar ou deixar pra lá. E *isso* foi culpa minha. Percebi também que eu não tinha sido o melhor namorado do mundo. Na verdade, muitas vezes eu era frio e arrogante com ela; outras vezes, não a valorizava, a ignorava e a magoava. *Essas* falhas também foram culpa minha.

Meus erros justificaram o dela? Não. No entanto, mesmo assim assumi a responsabilidade de nunca mais cometê-los e de nunca mais negligenciar os mesmos sinais. Tudo isso na esperança de nunca mais sofrer as mesmas consequências. Assumi a responsabilidade de me esforçar para tornar meus futuros relacionamentos românticos muito melhores. E fico feliz em informar que consegui. Nunca mais fui traído, nunca mais levei os duzentos e cinquenta e três socos no estômago. Assumi a responsabilidade pelos meus problemas e os mantive em mente para melhorar nesses aspectos. Assumi a responsabilidade pelo meu papel naquele relacionamento e busquei melhorar nos posteriores.

E, quer saber? Esse pé na bunda, embora tenha sido uma das experiências mais dolorosas pela qual passei, foi também uma das mais importantes e impactantes da minha vida. Acho que inspirou muito crescimento pessoal. Esse único problema me ensinou mais do que muitas vitórias.

Todo mundo adora assumir a responsabilidade por tudo de bom e feliz que acontece. Muitas vezes tem até *briga* por esse crédito. No entanto, assumir a responsabilidade pelos nossos problemas é muito mais importante, porque é daí que vem o verdadeiro aprendizado. É daí que vem o progresso. Culpar os outros é apenas escolher sofrer.

Reagindo à tragédia

E quanto aos eventos realmente trágicos? Muita gente pode assumir a responsabilidade por problemas relacionados ao trabalho e talvez por ver TV demais quando deveria estar brincando com os filhos ou sendo produtiva, mas quando o assunto são tragédias, a reação automática é puxar a cordinha de emergência no trem da responsabilidade e saltar logo que ele para. Algumas coisas são simplesmente dolorosas demais para assumir.

Mas pense comigo: a gravidade do evento não altera a realidade dos fatos. Por exemplo, se você for assaltado, é claro que não é culpa sua. Ninguém jamais escolheria passar por isso. Porém, assim como na hipótese do bebê deixado à sua porta, você passa a ser responsável por uma situação de vida ou morte. Você revida? Entra em pânico? Fica paralisado? Avisa à polícia? Tenta esquecer e fingir que nunca aconteceu? Todas essas possibilidades de reações são escolhas que você é responsável por fazer ou rejeitar. Você não escolheu o assalto, mas mesmo assim lhe cabe gerir o impacto emocional e psicológico da experiência (e tomar as devidas providências legais).

Em 2008, o Talibã assumiu o controle do Vale do Swat, uma parte remota do nordeste do Paquistão, onde logo implementaram seu extremismo muçulmano. Chega de televisão. Chega de filmes. Chega de mulheres saindo de casa sem acompanhante. Chega de meninas na escola.

Em 2009, uma paquistanesa de onze anos chamada Malala Yousafzai começou a se manifestar contra a proibição de estudar. Ela continuou a frequentar a escola local, arriscando tanto a própria vida quanto a do pai, além de participar de conferências em cidades próximas. "Como o Talibã se atreve a tirar meu direito à educação?", escreveu ela em uma publicação on-line.

Em 2012, aos catorze anos, Malala levou um tiro no rosto quando voltava da escola. Um soldado talibã mascarado entrou no ônibus armado com um rifle e perguntou: "Quem é Malala? Digam ou atiro em todo mundo." Malala se identificou (uma escolha incrível por si só), e o homem atirou na cabeça dela na frente de todos os passageiros.

Malala entrou em coma e quase morreu. O Talibã afirmou publicamente que, se sobrevivesse, seria morta, junto com o pai.

A menina sobreviveu. Hoje autora de um best-seller, Malala ainda fala sobre a violência e a opressão contra mulheres em países muçulmanos. Em 2014, recebeu o Prêmio Nobel da Paz por seus esforços. Parece que o tiro no rosto só lhe deu uma audiência maior e mais coragem que antes. Teria sido fácil para Malala se acomodar e dizer: "Não posso fazer nada", ou "Não tenho escolha". Isso, ironicamente, também teria sido uma escolha. Mas ela optou pelo oposto.

Alguns anos atrás, escrevi algumas das ideias que conto neste capítulo no meu blog, e um homem deixou um comentário. Ele disse que eu era vazio e superficial, acrescentando que eu não tinha real compreensão dos problemas da vida ou da responsabilidade humana. Disse que tinha perdido um filho havia pouco, num acidente de carro. E me acusou de não saber o que era a verdadeira dor, me rotulando de idiota por sugerir que ele era responsável pela dor de perder um filho.

Estava na cara que aquele homem tinha passado por uma dor muito maior do que a maioria das pessoas enfrenta na vida. Ele não escolheu a morte do filho, não tinha culpa por tal desgraça. A responsabilidade de lidar com a perda lhe foi imposta, embora fosse clara e compreensivelmente indesejável. E apesar de tudo isso ele era, sim, responsável pelas próprias emoções, crenças e ações. A reação que apresentou diante da morte do filho foi uma escolha dele. As dores, de todos os tipos, são inevitáveis, mas podemos escolher o que elas significam para nós. Alegar que *não* tinha escolha e que só queria o filho de volta é, por si só, uma escolha: uma entre as muitas formas possíveis de lidar com esse tipo de dor.

É claro que eu não disse nada disso a ele. Estava ocupado demais ficando horrorizado e pensando que talvez eu realmente não tivesse autoridade nem conhecimento para tal discurso. É um dos riscos desse tipo de trabalho. Um problema que eu escolhi, e um que era minha responsabilidade resolver.

No início, eu me senti muito mal. Depois de alguns minutos, comecei a ficar zangado. As objeções dele tinham pouco a ver com o que eu estava dizendo, me tranquilizei. Além do mais, como assim? Não é porque não perdi um filho que eu também não tenha sofrido muito nessa vida.

Então, usei meu próprio conselho: escolhi qual seria meu problema. Eu podia ficar bravo com aquele homem e discutir com ele, tentar comparar a dor dele com as minhas, mas isso só nos tornaria idiotas e insensíveis. Ou podia escolher um problema melhor: praticar a paciência, ser mais compreensivo com meus leitores e ter aquele homem em mente sempre que escrevesse sobre dor e trauma a partir de então. E foi o que tentei fazer.

Respondi apenas que sentia muito pela perda dele. O que mais eu podia dizer?

A genética aleatória

Em 2013, a BBC reuniu meia dúzia de adolescentes com Transtorno Obsessivo-Compulsivo (TOC) e os acompanhou durante terapias intensivas que os ajudariam a superar seus pensamentos indesejáveis e comportamentos repetitivos.

Entre eles estava Imogen, uma garota de dezessete anos que tinha uma necessidade compulsiva de tocar todas as superfícies pelas quais passava. Se não fizesse isso, era dominada por pensamentos horríveis sobre a morte de sua família. Havia também Josh, que precisava fazer tudo com os dois lados do corpo: apertar a mão de uma pessoa com a mão direita e a esquerda, comer com ambas as mãos, passar por uma porta com os dois pés e assim por diante. Se não "igualasse" os lados, ele sofria graves ataques de pânico. Já Jack tinha a clássica fobia de germes, por isso se recusava a sair de casa sem luvas, fervia água para beber e se negava a comer qualquer coisa que não tivesse sido lavada e preparada por ele mesmo.

O TOC é um transtorno mental, que pode ser controlado. E, como veremos, esse controle se resume a equilibrar os valores do indivíduo diagnosticado.

A primeira coisa que os psiquiatras desse projeto fazem é dizer aos jovens que eles devem aceitar as imperfeições de seus desejos compulsivos. Por exemplo, quando Imogen tem pensamentos horríveis sobre a morte dos familiares, ela deve aceitar que eles podem de fato vir a morrer e que não há nada que ela possa fazer para impedir isso. Ou seja, Imogen é informada de que os acontecimentos não são culpa sua. Josh é convencido a aceitar que, a longo prazo, "equalizar" todos os seus comportamentos para torná-los simétricos prejudica sua vida mais do que os ocasionais ataques de pânico. E Jack é lembrado que, por mais que se esforce, os germes sempre estão presentes e sempre podem infectá-lo.

O objetivo é fazer esses jovens reconhecerem que seus valores não são racionais — que, na verdade, sequer são valores *deles*, e sim advindos do transtorno — e que, ao segui-los, estão prejudicando a própria vida.

O passo seguinte é encorajar esses adolescentes a escolher um valor mais importante que o imposto pelo transtorno e, então, se concentrar nele. Para Josh, isso se dá através da possibilidade de não precisar esconder seu distúrbio dos amigos e familiares o tempo todo, da perspectiva de ter uma vida social normal e funcional. Para Imogen, é a ideia de assumir o controle de seus pensamentos e sentimentos e voltar a ser feliz. E, para Jack, é a capacidade de ficar longe de casa por longos períodos sem sofrer episódios traumáticos.

Com esses novos valores em mente, os adolescentes começam exercícios intensivos de dessensibilização que os obrigam a colocá-los em prática. Acontecem ataques de pânico; lágrimas rolam; Jack soca vários objetos e imediatamente em seguida lava as mãos. Mas, no final do documentário, grandes progressos ficam claros. Imogen não precisa mais tocar todas as superfícies que vê. Ela diz: "Ainda há monstros no fundo da minha mente, e provavelmente eles sempre estarão lá, só que agora estão se acalmando." Josh consegue passar períodos de vinte e cinco a trinta minutos sem "igualar" os movimentos dos dois lados do corpo. E Jack, que talvez tenha tido a melhora mais visível, consegue ir a restaurantes e beber de garrafas e copos sem lavá-los. Jack resume bem o que aprendeu: "Eu não escolhi esta vida; não escolhi esta doença péssima, esta coisa horrível. Mas posso escolher como conviver com ela; eu *preciso* escolher como conviver com ela."

Muitas das pessoas que nascem com um problema específico, seja TOC, baixa estatura ou outra coisa completamente diferente, acham que estão perdendo algo muito valioso. Sentem que não há nada que possam fazer, então evitam a responsabilidade pela situação. Elas concluem: "Eu não escolhi essa genética horrível, então não é minha culpa as coisas darem errado."

E é verdade: a culpa não é delas.

Mas a responsabilidade, sim.

Na época da faculdade, eu tinha uma fantasia meio delirante de me tornar jogador profissional de pôquer. Ganhei dinheiro e tudo o mais, e foi divertido, mas depois de quase um ano jogando a sério, desisti. Passar a noite inteira acordado olhando para uma tela de computador, ganhando milhares de dólares em um dia e perdendo a maior parte no dia seguinte não era estilo de vida para mim. Além disso, não era o meio mais saudável ou emocionalmente estável de ganhar a vida.

Por incrível que pareça, no entanto, o tempo que passei jogando pôquer influenciou profundamente meu jeito de ver a vida.

A beleza do pôquer é que, embora a sorte esteja sempre envolvida, ela não determina os resultados a longo prazo. Uma pessoa pode receber uma mão horrível e vencer alguém com uma mão sensacional. A pessoa que recebe boas cartas tem uma probabilidade maior de ganhar, é claro, mas, no final das contas, o vencedor é determinado pelas — sim, você adivinhou — *escolhas* que faz ao longo do jogo.

Eu vejo a vida da mesma forma. Todos nós recebemos cartas aleatórias no início do jogo, alguns, cartas melhores. E, embora seja fácil nos fixar no que está na mão e sentir que nos ferramos, na verdade o jogo está nas escolhas que fazemos com essas cartas, nos riscos que decidimos correr e nas consequências com as quais escolhemos viver. Quem, de maneira consistente, faz as melhores escolhas diante das situações que se apresentam acaba ganhando no pôquer, e na vida. Não necessariamente quem tem as melhores cartas.

Algumas pessoas sofrem psicológica e emocionalmente por causa de deficiências neurológicas e/ou genéticas. Mas isso não muda nada. Elas herdaram cartas ruins, é claro, mas não têm culpa. Assim como o cara baixinho que queria uma namorada não é culpado por ser baixo, nem a pessoa que foi assaltada é culpada por ter seus pertences roubados, mas todos têm responsabilidade. Se escolhem procurar tratamento psiquiátrico, fazer terapia ou não fazer nada, no final das contas a escolha também é deles. Há quem tenha tido uma infância ruim. Há os que foram maltratados, violentados e destruídos física, emocional ou financeiramente. Eles não são culpados por seus problemas e obstáculos, mas mesmo assim são responsáveis — *sempre* responsáveis — por seguir em frente apesar das dificuldades e fazer as melhores escolhas que puderem, seja qual for a situação.

E, sejamos sinceros: se juntássemos *todas* as pessoas que têm algum distúrbio psiquiátrico, que lutam contra a depressão ou pensamentos suicidas, que sofreram negligência ou abuso, que lidaram com tragédias ou a morte de um ente querido ou que sobreviveram a graves problemas de saúde, acidentes ou traumas... Se reuníssemos *todas essas pessoas* e as colocássemos na mesma sala, provavelmente teríamos que reunir toda a humanidade, porque ninguém sai da vida incólume.

Algumas pessoas têm problemas piores que a maioria, é claro. Algumas se tornam vítimas dos incidentes mais terríveis. Por mais que isso nos entristeça e perturbe, é preciso lembrar que, no final das contas, não muda nada em relação à equação de responsabilidade sobre nossa situação individual.

Injustiça chique

A falácia da responsabilidade/culpa permite que as pessoas transfiram a terceiros a responsabilidade pelos próprios problemas. Essa capacidade de aliviar a responsabilidade através da culpa confere uma euforia temporária e um sentimento de retidão moral.

Infelizmente, um dos efeitos colaterais da internet e das redes sociais foi ter tornado mais fácil do que nunca empurrar a responsabilidade — até mesmo das infrações mais ínfimas — para outro grupo ou pessoa. Na verdade, esse tipo de jogo público de culpa/vergonha se tornou popular; em certos grupos, é até atrativo, admirável. Nas redes sociais, o compartilhamento público de "injustiças" atrai muito mais atenção e reações emocionais que a maioria dos outros eventos, recompensando com uma quantidade crescente de atenção e simpatia gratuita àqueles que se sentem perpetuamente vitimados.

A "injustiça chique" está na moda em todos os cantos da sociedade hoje em dia, entre ricos e pobres. Na verdade, esta pode ser a primeira vez na história da humanidade em que todos os grupos demográficos se sentem injustamente vitimados ao mesmo tempo. E todos aproveitam a euforia da indignação moral que vem junto.

Neste momento, *qualquer um* que se sinta ofendido com *qualquer coisa* — seja o fato de que um livro sobre racismo entrou no currículo de uma faculdade, que árvores de Natal foram banidas do shopping local ou que os impostos sobre fundos de investimento tiveram um aumento de 0,5% — acha que está sofrendo algum tipo de opressão e que, portanto, merece se sentir ultrajado e receber determinada quantidade de atenção.

O atual ambiente da mídia tanto encoraja quanto perpetua essas reações, porque, no final das contas, dá lucro. O escritor e comentarista Ryan Holiday se refere a isso como "pornografia do ultraje": em vez de reportar histórias e problemas reais, a mídia acha muito mais fácil (e lucrativo) encontrar algo levemente ofensivo, transmitir o caso para uma ampla audiência, criar a sensação de ultraje e depois transmiti-la de um jeito que também cause ultraje a outra parcela da população. Isso desencadeia um eco de asneiras que ricocheteia entre dois lados imaginários e ao mesmo tempo distrai dos verdadeiros problemas e injustiças da sociedade. Não é de se estranhar que estejamos mais politicamente polarizados do que nunca.

O maior problema da injustiça chique é desviar a atenção das vítimas *reais*. É como uma overdose de alarmismo. Quanto mais gente se autoproclama vítima de pequenas infrações, mais difícil é enxergar quem realmente sofre.

As pessoas se viciam em se sentir constantemente ofendidas porque isso lhes traz euforia: ser hipócrita e moralmente superior provoca *bem-estar*. Como disse o cartunista político Tim Kreider, em um editorial do *The New York Times*: "O ultraje é como várias outras coisas agradáveis que com o tempo nos devoram de dentro para fora. E é ainda mais insidioso que a maioria dos vícios, porque sequer o reconhecemos conscientemente como um prazer."

Parte do ônus de viver em uma sociedade livre e democrática é termos que lidar com opiniões e pessoas de que não necessariamente gostamos. É o preço a se pagar. Podemos até dizer que é o *objetivo* do sistema. Mas parece que cada vez mais gente está esquecendo isso.

Devemos escolher nossas batalhas com cuidado, ao mesmo tempo em que tentamos simpatizar um pouco com o suposto inimigo. Devemos encarar as notícias e a mídia com uma dose saudável de ceticismo e evitar ideias preconcebidas sobre os que não concordam conosco. Devemos priorizar valores como honestidade, fomento à transparência e à aceitação da dúvida em vez da necessidade de estar sempre certo, de se sentir bem e se vingar. Os três primeiros valores são "democráticos" e mais difíceis de manter em meio ao ruído constante de um mundo conectado, mas nem por isso devemos negligenciar nossa responsabilidade de cultivá-los. A estabilidade do sistema político talvez dependa disso.

Não existe caminho

Muitas pessoas podem ler tudo isso e dizer: "Ok, mas como? Eu entendo que os meus valores são uma porcaria, que evito a responsabilidade pelos meus problemas e que sou um merdinha arrogante que acha que o mundo gira em torno de mim e de todas as inconveniências que passo, mas qual é o *caminho* para mudar?"

E como resposta eu digo, fazendo minha melhor imitação de Yoda: "Mude, ou não mude; não existe caminho."

Nós *já escolhemos*, a cada momento de cada dia, as coisas com as quais nos importamos. Então, para mudar, basta escolher nos importarmos com outras coisas.

É *simples* assim. Só que não é fácil.

Não é fácil porque no começo você vai se sentir um fracassado, uma fraude, um idiota. Vai ficar nervoso. Vai surtar. Talvez se irrite com sua esposa, seus amigos ou seu pai. Alterar seus valores e as coisas que considera importantes traz esse tipo de efeitos colaterais, que são inevitáveis.

É simples, mas dificílimo.

Vamos analisar alguns desses efeitos colaterais. Você vai se sentir inseguro, eu garanto. "Devo mesmo desistir disso? Será que é o certo a fazer?" Abrir mão de um valor no qual você se apoiou durante anos causará desorientação, como se você não soubesse mais diferenciar o certo do errado. É difícil, mas é normal.

Em seguida, vai se sentir um fracassado. Tendo passado metade da vida se avaliando através do valor antigo, ao mudar suas prioridades e medidas, você não vai se reconhecer. Será como jogar fora algo no qual você confiava, e isso, invariavelmente, trará um sentimento de fraude ou desvalorização. Esse desconforto também é normal.

E, sem dúvida, você vai enfrentar rejeições. Muitos dos relacionamentos da sua vida foram construídos em torno dos valores escrotos que você tinha, então, no momento em que abre mão deles — no momento em que decide que estudar é mais importante que se divertir; que se casar e ter uma família é mais importante do que fazer sexo sem compromisso; que ter um trabalho no qual você acredita é mais importante do que simplesmente ganhar dinheiro —, essa reviravolta reverbera em seus relacionamentos. Muitos deles acabam explodindo bem na sua cara. Isso também é normal. E também vai ser desconfortável.

São efeitos colaterais necessários, embora dolorosos, de escolher se importar com outras coisas, coisas muito mais significativas e dignas da sua energia. À medida que for reavaliando seus valores, você enfrentará resistência interna e externa. E, sobretudo, vai se sentir inseguro e se perguntar se o que está fazendo é errado.

Como veremos, isso é bom.

6

Você está errado em tudo (eu também)

Quinhentos anos atrás, os cartógrafos acreditavam que a Califórnia era uma ilha. Médicos acreditavam que abrir um corte no braço de uma pessoa (ou fazê-la sangrar por qualquer parte do corpo) curava doenças. Cientistas acreditavam que o fogo era feito de algo chamado flogisto. As mulheres acreditavam que passar urina de cachorro no rosto amenizava os sinais de envelhecimento. Os astrônomos acreditavam que o Sol girava em torno da Terra.

Quando era pequeno, eu achava que "medíocre" era um tipo de legume que eu não queria comer. Achava que meu irmão tinha encontrado uma passagem secreta na casa da minha avó porque ele conseguia ir para o quintal sem sair do banheiro (alerta de spoiler: era uma janela). Por algum motivo qualquer eu também achava que, quando meu amigo ia com a família para "Washington, D.C.", eles tinham conseguido voltar no tempo, para a época dos dinossauros.

Na adolescência, eu dizia para todo mundo que não me importava com nada, quando na verdade me importava demais; outras pessoas governavam meu mundo sem que eu soubesse. Eu achava que a felicidade era determinada pelo destino, e não pelas minhas escolhas. Achava que o amor era algo que simplesmente acontecia, que não exigia esforço e empenho. Eu achava que ser "descolado" era algo a ser aprendido com os outros e que exigia prática, não que era um conceito criado por nós mesmos.

Pensei que ficaria para sempre com a minha primeira namorada. Quando esse relacionamento acabou, achei que nunca mais amaria outra mulher. Então, quando amei outra mulher, achei que só amor às vezes não é suficiente. Foi quando percebi que cada indivíduo *decide* o que é "suficiente" e que o amor pode ser o que permitimos que seja.

Em todos esses momentos eu estava errado. Em todos os aspectos. Passei boa parte da vida equivocado em relação a mim mesmo, aos outros, à sociedade, à cultura, ao mundo, ao universo — a tudo.

E espero continuar assim até morrer.

Assim como o Mark de Hoje pode olhar para trás e ver cada defeito e erro do Mark do Passado, um dia o Mark do Futuro vai olhar para as ideias do Mark de Hoje (incluindo este livro) e perceber falhas semelhantes. E vai ser bom. Porque vai indicar que cresci.

Segundo dizem, Michael Jordan certa vez afirmou que falhou muitas vezes e que por isso chegou lá. Bem, eu sempre estou errado em relação a tudo, e é por isso que minha vida está em constante melhora.

Crescimento pessoal é um processo infinitamente *repetitivo*. Quando aprendemos algo novo, não passamos de "errados" a "certos" — passamos de "errados" a "um pouco menos errados". E quando aprendemos algo adicional, passamos de um pouco menos errados a um pouco menos errados do que antes e, em seguida, a menos errados ainda, e assim por diante. Aproximar-se da verdade e da perfeição não leva à verdade nem à perfeição.

Não devemos procurar a resposta "certa", e sim tentar eliminar nossos erros de hoje para estarmos um pouco menos errados amanhã.

Visto dessa perspectiva, o amadurecimento é um processo bastante científico. Nossos valores são nossas hipóteses: esse comportamento é bom e importante; aquele outro, não. Nossas ações são as experiências; as emoções resultantes e os padrões de raciocínio são os dados disponíveis.

Não há dogma correto nem ideologia perfeita. Existe apenas o que sua experiência demonstrou ser certo *para você* — mesmo assim, provavelmente essa experiência também está meio errada. Uma vez que você, eu e todo mundo temos necessidades, histórias pessoais e situações de vida diferentes, inevitavelmente chegamos a respostas "corretas" diferentes sobre o significado da vida e sobre como devemos viver. Minha resposta correta envolve viajar sozinho por anos a fio, morar em lugares obscuros e rir dos meus peidos. Pelo menos era essa a resposta correta até pouco tempo atrás. Certamente ela vai mudar e evoluir, porque eu mudo e evoluo; e, conforme avanço em idade e em experiência, vou reduzindo meus erros e ficando cada vez menos errado todos os dias.

Tanta gente fica obcecada por estar "certa" a respeito da vida que acaba não vivendo.

Uma mulher é solteira e se sente só. Quer um parceiro, mas nunca sai de casa nem faz nada para mudar esse quadro. Um homem trabalha como louco e acha que merece uma promoção, mas nunca diz isso explicitamente ao chefe.

Os outros dizem que ambos temem o fracasso, a rejeição, ouvir um não.

Não é essa a questão. A rejeição dói, ok. Fracassar é uma merda. Mas nos apegamos com mais força a algumas certezas — certezas que temos medo de questionar ou abandonar, valores que deram significado a nossa vida ao longo dos anos. A mulher não sai para conhecer parceiros em potencial porque seria obrigada a confrontar as crenças que nutre sobre a própria capacidade de atração. O homem não pede uma promoção porque teria que confrontar as crenças que nutre sobre as próprias habilidades.

É mais fácil perpetuar a certeza dolorosa de que ninguém acha você atraente ou de que ninguém reconhece seus talentos do que *pôr isso à prova* e descobrir se condiz com a realidade.

Crenças desse tipo — "Não sou bonita, então por que me dar ao trabalho?" ou "Meu chefe é um babaca, então por que me dar ao trabalho?" — são feitas para nos proporcionar conforto imediato, hipotecando uma felicidade e um sucesso maiores para o futuro. São péssimas estratégias a longo prazo, mas mesmo assim nos apegamos a elas por presumirmos que sejam corretas, por presumirmos já saber o que virá. Em outras palavras, presumimos saber o fim da história.

A certeza é a inimiga do crescimento. Nada é certo até acontecer — e mesmo assim não deixa de ser questionável. Daí a necessidade de aceitar as imperfeições inevitáveis dos nossos valores, pois sem isso não conseguimos crescimento algum.

Em vez de lutar por uma vida cheia de certezas, devemos sempre buscar a dúvida, seja em relação a nossas crenças, a nossos sentimentos ou em relação ao que o futuro nos reserva se não metermos a cara e fizermos acontecer. Em vez de tentarmos estar certos o tempo todo, que tal enxergar o oposto? Que tal aceitar que estamos errados o tempo todo? Porque estamos mesmo.

Essa compreensão nos abre possibilidades de mudanças. Equívocos trazem oportunidades de crescimento. Ou seja: não vamos mais abrir um corte no braço para curar um resfriado nem espirrar urina de cachorro no rosto para nos sentirmos mais jovens. Assim saberemos que "medíocre" não é um legume e não teremos medo de nos importarmos com o que consideramos valioso.

Porque eis algo estranho, mas verdadeiro: não *sabemos* a diferença entre uma experiência positiva e uma negativa. Alguns dos momentos mais difíceis e estressantes da nossa vida acabam sendo também os que mais nos motivam e auxiliam em nossa formação. Algumas das melhores e mais gratificantes experiências são também as que mais nos distraem e desmotivam. Não confie na sua concepção de experiências positivas ou negativas. Só sabemos o que dói e o que não no momento, e isso não vale muito.

Assim como ficamos horrorizados ao imaginar como as pessoas viviam quinhentos anos atrás, imagino que daqui a quinhentos anos muitos rirão de nós e das certezas que temos hoje. Vão rir por deixarmos o dinheiro e o emprego definirem nossa vida; vão rir do nosso medo de demonstrar apreço pelas pessoas que mais importam enquanto endeusamos figuras públicas que nada merecem; vão rir dos nossos rituais e superstições, das nossas preocupações e nossas guerras. Ficarão perplexas com nossa crueldade. Estudarão nossa arte e debaterão nossa história. Entenderão verdades sobre nós que ainda não enxergamos.

Essas pessoas do futuro também estarão erradas, mas só um pouco menos do que estamos hoje.

Arquitetos de nossas próprias crenças

Faça a seguinte experiência: pegue uma pessoa qualquer e a coloque numa sala com alguns botões para apertar. Diga que se ela fizer algo específico — alguma ação que ela precisará descobrir —, uma luz vai se acender, indicando que ela ganhou um ponto. O objetivo é somar o máximo de pontos possível em meia hora.

Quando um grupo de psicólogos fez esse teste, aconteceu o que se esperava. As pessoas se sentavam e começavam a apertar botões ao acaso até a luz se acender, indicando que tinham ganhado um ponto. É claro que depois disso elas tentam repetir aquela ação, só que a luz não se acende mais. Então, começam a tentar combinações: apertar este botão três vezes, depois aquele botão uma vez, depois esperar cinco segundos e... *Tcharam!* Mais um ponto. Até que, em seguida, isso *também* deixa de funcionar. *Talvez não tenha nada a ver com botões*, elas pensam. Talvez tenha a ver com a minha posição na cadeira. Ou o que estou tocando. Talvez tenha a ver com meus pés. *Plim!* Mais um ponto. Sim, talvez sejam os pés e depois apertar outro botão. *Plim!*

Geralmente, cada pessoa leva de dez a quinze minutos para descobrir a sequência específica de ações para obter mais pontos. Costuma ser algo estranho, como ficar num pé só ou apertar uma longa sequência de botões por um tempo específico, com o corpo voltado para determinada direção.

Sabe o que é mais engraçado? É tudo aleatório. Não existe sequência, não existe relação com o que a pessoa faz. É só uma luz que se acende e um apito. E as pessoas ficam ali na sala dando piruetas e achando que aquilo está valendo alguma coisa.

Deixando de lado o sadismo da situação, o propósito do experimento é mostrar como a mente humana é rápida em criar e acreditar em um monte de bobagens irreais. E, ao que parece, também somos muito bons nisso. Cada participante do experimento saía da sala convencido de que havia entendido a lógica por trás daquilo e ganhado o jogo. Todos acreditavam ter descoberto a sequência "perfeita" de botões. Só que os métodos criados eram tão únicos quanto os indivíduos colocados à prova. Um homem inventou uma sequência enorme de acionamento dos botões que só fazia sentido para ele. Uma jovem se convenceu de que uma das ações necessárias era bater no teto determinado número de vezes; saiu da sala esgotada de tanto pular.

Nosso cérebro é uma máquina de gerar significado. O que entendemos por "significado" são associações mentais entre dois ou mais eventos. Se apertamos um botão e vemos uma luz se acender, concluímos que o botão foi a *causa* e a luz, a consequência. Em essência, significado é isso. Botão, luz; luz, botão. Vemos uma cadeira, notamos que é cinza.

Nosso cérebro estabelece uma associação entre a cor (cinza) e o objeto (cadeira) e elabora um significado: "A cadeira é cinza."

Nossa mente está sempre em atividade, gerando mais e mais associações para nos ajudar a entender e controlar o ambiente que nos cerca. Tudo que vivemos, seja interna ou externamente, gera novas associações e conexões mentais. Tudo: desde as palavras nesta página, passando pelos conceitos gramaticais que você usa para entender as frases, até as divagações em que sua mente se perde quando meu texto fica chato ou repetitivo — cada um desses pensamentos, impulsos e percepções é composto de milhares de conexões neurológicas que, disparadas ao mesmo tempo, iluminam sua mente com um clarão de conhecimento e compreensão.

Só tem dois problemas. Primeiro, o cérebro é imperfeito. Confundimos o que vemos e ouvimos, esquecemos fatos e fazemos interpretações incorretas.

Segundo, o cérebro tende a se apegar aos significados que criamos. Somos tendenciosos em relação ao que assimilamos e relutamos em nos desapegar do que nossa mente criou. Mesmo quando temos evidências que contradizem o significado estabelecido, preferimos ignorá-las e manter nossa crença.

Como disse o comediante Emo Philips certa vez: "Eu achava que o cérebro era o órgão mais maravilhoso do meu corpo. Depois, percebi quem estava me dizendo isso." A triste verdade é que a maior parte do que "sabemos" e acreditamos é produto das inexatidões e tendências inatas desse órgão. Muitos dos nossos valores, a maioria deles, são produto de eventos que não representam o mundo como um todo ou de um passado totalmente deturpado pela memória.

O resultado? Grande parte das nossas crenças é incorreta. Ou, para ser mais exato, *todas* são — algumas apenas são menos que outras. A mente humana é um amontoado de inexatidões. E, apesar de isso ser um conceito desconfortável, aceitá-lo é muito importante, como veremos.

Cuidado com suas crenças

Em 1988, durante uma sessão de terapia, a jornalista e escritora Meredith Maran teve uma revelação alarmante: na infância, ela fora abusada sexualmente pelo próprio pai. O surgimento dessa lembrança reprimida, à qual Meredith vivera alheia até então, foi um choque para ela. Aos trinta e sete anos, ela confrontou o pai e contou à família o que havia acontecido.

A família inteira ficou horrorizada. O pai não hesitou em negar categoricamente. Alguns parentes ficaram do lado de Meredith; outros, do lado do pai. A árvore genealógica rachou ao meio. E a dor que havia muito definia o relacionamento de Meredith com o pai começou a se espalhar como bolor pelos familiares. A revelação devastou a todos.

Em 1996, Meredith teve outra percepção chocante: o pai *não tinha* abusado dela. (Pois é. Foi mal aí.) Meredith tinha inventado a lembrança, com a contribuição do profissional de psicologia, ainda que bem-intencionado. Consumida pela culpa, ela passou anos tentando se reconciliar com o pai e com outros membros da família, vivendo entre constantes pedidos de desculpas e explicações, até a morte dele. Mas era tarde demais. A família nunca mais foi a mesma.

Meredith não está sozinha. Como consta em sua autobiografia, *My Lie: A True Story of False Memory*, os anos 1980 testemunharam diversos casos de mulheres que acusaram parentes de abuso sexual e se retrataram tempos depois. Na mesma época, muitas pessoas também alegavam saber de cultos satânicos em que se abusava de crianças, mas, apesar de investigações em várias cidades, a polícia nunca encontrou evidências das práticas doidas que eram descritas pelos acusadores. Por que de repente o pessoal cismou de inventar lembranças horríveis de abusos e seitas? E por que nos anos 1980?

Já brincou de telefone sem fio quando era criança? É aquela brincadeira em que uma pessoa diz uma coisa no ouvido da outra, depois a frase vai passando por umas dez até que a última ouve uma frase que não tem nada a ver com a original. É mais ou menos assim que nossa memória funciona.

Uma coisa acontece. Dias depois, nos lembramos da situação com algumas inexatidões, como se nos tivesse sido sussurrada e mal compreendida. Se contamos a alguém sobre o que aconteceu, precisamos preencher as lacunas no roteiro com novos elementos, para que tudo faça sentido e ninguém ache que a gente é louco. Então, começamos a acreditar na versão corrigida, e na vez seguinte que contamos o que aconteceu, reproduzimos nossas invenções. Só que, por não corresponderem à realidade, contamos as coisas de um jeito meio incorreto. Um ano depois, bêbados, recontamos a história e a modificamos um pouco mais — ok, sejamos honestos: inventamos completamente cerca de um terço da história. Na semana seguinte, sóbrios, não queremos admitir a mentira e por isso mantemos a versão revisada e expandida pelo álcool. Cinco anos depois, nossa história — foi exatamente assim que aconteceu, juro por Deus e pela minha mãe mortinha — é, no máximo, cinquenta por cento verdadeira.

Todo mundo faz isso. Eu faço. Você faz. Por mais honestos e corretos que sejamos, estamos sempre sujeitos a enganar a nós mesmos e a outros, porque nosso cérebro é programado para ser eficiente, não fiel.

Não só nossa memória é uma droga — a ponto de testemunhos oculares não serem necessariamente levados a sério em um julgamento —, como nosso cérebro tem um funcionamento nada imparcial.

Como? Bem, ele está sempre tentando analisar nossa situação atual com base no que já acreditamos e já vivemos. Toda informação nova é avaliada segundo padrões e conclusões prévios. O resultado é um cérebro sempre tendencioso em relação ao que consideramos ser verdade em determinado momento. Se temos um relacionamento maravilhoso com nossa irmã, por exemplo, vamos interpretar a maior parte das lembranças com ela sob uma perspectiva positiva. Quando o relacionamento azeda, é comum começarmos a ver as mesmas lembranças sob nova ótica, reimaginando-as de forma a explicar a atual raiva que sentimos. Aquele presente lindo que ela nos deu no Natal assume conotações de condescendência. Aquela vez em que não fomos convidados para a casa de praia passa de erro inofensivo para tremenda negligência.

A história falsa de Meredith faz muito mais sentido quando entendemos os valores que guiavam sua mente naquele momento. Em primeiro lugar, o relacionamento entre ela e o pai sempre foi tenso. Segundo, ela tivera uma série de relacionamentos amorosos complicados, incluindo um casamento desfeito.

Assim, já de saída, "relacionamentos íntimos com homens" não eram a maior maravilha para Meredith, em termos de valores.

No começo dos anos 1980, na mesma época em que descobriu o feminismo, Meredith começou a pesquisar sobre abuso infantil. Todo dia era confrontada com histórias e mais histórias terríveis de abuso e por anos trabalhou no apoio a vítimas de incesto, geralmente meninas pequenas. Também escreveu muito sobre vários estudos que foram publicados na época — estudos que, como se descobriu mais tarde, superestimavam em muito a incidência de molestamento infantil. (O mais famoso deles afirmava que um terço das mulheres adultas tinha sido molestada na infância, número desmentido posteriormente.)

Para coroar, Meredith se apaixonou por uma mulher sobrevivente de incesto. O relacionamento evoluiu para uma codependência tóxica, em que Meredith continuamente tentava "salvar" a namorada do passado traumático e a outra, por sua vez, o explorava como arma emocional para ganhar o afeto de Meredith. (Falarei mais sobre isso e sobre limites no capítulo 8.) Enquanto isso, o relacionamento de Meredith com o pai piorava (ele não via de forma respeitosa o relacionamento homossexual da filha), e ela fazia terapia com uma frequência quase obsessiva. Os psicólogos, cuja atuação talvez fosse um tanto influenciada pelos *próprios* valores e crenças, insistiam na ideia de que não podia ser apenas o trabalho estressante e os relacionamentos não saudáveis que deixavam Meredith tão infeliz. *Só podia ser algo mais, algo mais profundo.*

Nessa época, uma nova forma de tratamento, chamada terapia de memórias reprimidas, estava se popularizando. A abordagem consistia em colocar o paciente num estado de transe, durante o qual era encorajado a desencavar e reviver lembranças esquecidas da infância. Geralmente eram lembranças boas, mas a ideia era acessar também ao menos alguns traumas.

Então ali estava a pobre Meredith, infeliz, lidando com incesto e abuso infantil todo santo dia, sentindo raiva do pai, tendo tolerado uma vida inteira de relacionamentos fracassados com homens, e a única pessoa que parecia entendê-la e amá-la era outra mulher, que realmente sofrera tal trauma. Ah, isso sem contar as lágrimas diárias que derramava no divã de uma pessoa que exigia o tempo todo que ela se lembrasse de algo novo que não lhe vinha de jeito nenhum. Então, *voilà*, eis a receita perfeita para a lembrança de um abuso sexual que nunca aconteceu.

Quando nossa mente processa as experiências, a prioridade é interpretá-las de forma que sejam coerentes com acontecimentos anteriores, assim como sentimentos e crenças já conhecidos, mas com frequência passamos por situações *sem correlação* entre passado e presente. Em tais ocasiões, o que se passa no momento se perde diante de tudo que tomamos como verdadeiro e razoável a respeito do passado. Em nome da coerência, nossa mente pode inventar lembranças. Ao relacionar as experiências presentes com aquele passado relembrado, conseguimos manter o significado que já estabelecemos.

Como já notamos antes, a história de Meredith não é única. Muito pelo contrário: nos anos 1980 e começo dos anos 1990, centenas de pessoas inocentes foram acusadas injustamente de violência sexual sob circunstâncias parecidas. Muitas foram presas por isso.

Para aqueles insatisfeitos com a vida, essas explicações sugestivas, combinadas com a mídia sensacionalista — havia uma epidemia real de abusos sexuais e violência ritualística se desenrolando, e *qualquer pessoa* podia ser vítima —, davam ao inconsciente um incentivo para exagerar ligeiramente as lembranças. Esse mecanismo fundamentaria o sofrimento do indivíduo, colocando-o no papel de vítima e isentando-o da responsabilidade. A terapia de memórias reprimidas agia como um meio de extrair esses desejos inconscientes e moldá-los na forma de lembranças aparentemente tangíveis.

Esse processo, e o estado de espírito resultante, se tornou tão comum que ganhou nome: síndrome da falsa memória, e gerou mudanças nos tribunais. Milhares de terapeutas que utilizavam esse método foram processados e perderam a licença de trabalho. A terapia da memória reprimida foi substituída por métodos mais comprovados. Pesquisas recentes só reforçam a dolorosa lição daquela época: nossas crenças são maleáveis e nossa memória é bem pouco confiável.

Clichês desagradáveis como "confiar em si mesmo" e "seguir seu coração" estão por toda parte. Talvez o melhor seja confiar *menos* em si mesmo. Afinal, se nosso coração e nossa mente são tão falhos, precisamos questionar *ainda mais* nossas intenções e motivações. Se está todo mundo errado o tempo todo, não seriam o ceticismo e a rigorosa objeção a nossas crenças e suposições o único caminho lógico para o amadurecimento?

Sei que a ideia pode parecer assustadora e autodestrutiva, mas na verdade é o contrário: não só é mais segura como é libertadora.

Os perigos da certeza absoluta

Erin está sentada diante mim à mesa do restaurante japonês e tenta explicar por que não acredita na morte. Já estamos aqui há quase três horas. Ela comeu exatamente quatro rolinhos de pepino e bebeu, sozinha, uma garrafa inteira de saquê (já está na metade da segunda, na verdade). São quatro horas da tarde de uma terça-feira.

Eu não a convidei. Ela me caçou pela internet e pegou um avião para vir me encontrar.

De novo.

Não é a primeira vez. Erin está convencida de que pode evitar a morte, mas também de que precisa da minha ajuda para isso. Só que não estamos falando de ajuda profissional. Se ela precisasse apenas do aconselhamento de um relações-públicas ou algo assim, tudo bem. Não, é mais do que isso: Erin precisa de mim como namorado. Por quê? Depois de três horas de perguntas e uma garrafa e meia de saquê, ainda não sei dizer.

Aliás, minha noiva está aqui com a gente no restaurante. Erin achou importante que ela fosse incluída na discussão, pois queria dizer que está "disposta a me dividir" e que minha namorada (hoje esposa) "não precisava se sentir ameaçada".

Conheci Erin num seminário de autoajuda, em 2008. Ela parecia legal. Meio mística, meio New Age, havia cursado direito numa faculdade da Ivy League e era inegavelmente inteligente. Ela ria das minhas piadas e me achava fofo — então, sendo eu quem sou, é claro que transamos.

Um mês depois, ela me convidou para atravessar o país e morarmos juntos. Isso me assustou um pouco. Tentei terminar, mas ela reagiu ameaçando se matar se eu me recusasse a ficar com ela. Ok, dessa vez me assustei *muito*. Imediatamente a bloqueei no e-mail e em todos os meus meios de comunicação.

Consegui contê-la por um tempo, mas não consegui detê-la.

Anos antes de nos conhecermos, Erin tinha quase morrido num acidente de carro. Ou melhor, ela *de fato* "morreu" por alguns instantes, fisiologicamente falando — toda a sua atividade cerebral cessou —, mas, por algum milagre, conseguiram revivê-la. Depois que "voltou", tudo mudou, segundo ela. Erin se tornou uma pessoa muito espiritualizada e mergulhou de cabeça em cura energética, contato com anjos, consciência universal, tarô. Ela também acreditava ter se tornado paranormal — capaz de curar e ver o futuro. E, sabe-se lá por quê, ao me encontrar, chegou à conclusão de que estávamos destinados a salvar o mundo juntos. A "curar a morte".

Depois que a bloqueei, ela começou a criar novos endereços de e-mail, às vezes me enviando uma dúzia de mensagens de ódio num único dia. Criou contas falsas no Facebook e no Twitter, que usava para atormentar a mim e pessoas próximas a mim. Criou um site idêntico ao meu e escreveu vários posts alegando que eu era seu ex-namorado, que a traíra e mentira para ela, que prometera me casar e que estávamos destinados a ficar juntos. Quando entrei em contato pedindo que tirasse o site do ar, Erin disse que só faria isso se eu fosse morar com ela na Califórnia. Essa era sua ideia de acordo.

Ao longo de tudo isso, sua justificativa era a mesma: eu estava destinado a ficar com ela, Deus havia predeterminado isso, ela literalmente acordava no meio da noite com a voz dos anjos dizendo que "nossa relação especial" seria o prenúncio de uma nova era de paz permanente na Terra (juro).

No dia em que estávamos nesse restaurante japonês, já tínhamos trocado milhares de e-mails. Se eu respondia ou não, se o fazia em tom respeitoso ou com raiva, não fazia diferença: a psique de Erin era imune a abalos; suas crenças nunca se alteravam. O problema já se estendia havia mais de sete anos na época.

E foi assim, naquele pequeno restaurante japonês, com Erin entornando saquê e tagarelando por horas a fio sobre ter curado as pedras nos rins de seu gato usando energia, que algo me ocorreu: Erin era viciada em autoaperfeiçoamento. Ela gastava dezenas de milhares de dólares em livros, seminários e cursos. E a parte mais louca de tudo isso é que ela colocava em prática perfeitamente todas as lições que aprendia. Erin tinha um sonho e persistia para alcançá-lo; visualizava, agia, tolerava as rejeições e fracassos, levantava-se e tentava de novo. Era implacavelmente positiva. Tinha a si mesma em alta conta. A mulher alegava curar gatos como Jesus curou Lázaro!

Mas os valores dela eram tão escrotos que nada disso importava. O fato de fazer tudo "certo" não significava que *ela* estivesse certa.

A certeza de Erin se recusava a ceder. Ela até já me dissera isso com todas as letras: que sabia que sua fixação era completamente irracional e insalubre e que trazia infelicidade para nós dois. Só que, por alguma razão, aquilo lhe parecia tão certo que ela não conseguia esquecer nem parar.

Em meados da década de 1990, o psicólogo Roy Baumeister começou a pesquisar a maldade como conceito, analisando pessoas que cometiam atos ruins e por que os faziam.

Na época, supunha-se que as pessoas faziam maldades porque se sentiam mal consigo mesmas — ou seja, tinham baixa autoestima. Uma das primeiras descobertas surpreendentes de Baumeister foi que muitas vezes isso não se aplicava. Em geral, era o contrário. Alguns dos piores criminosos se sentiam muito bem consigo mesmos, e era essa sensação boa, apesar da realidade ao redor, que parecia justificar seus atos de ferir e desrespeitar os outros.

Para que indivíduos justifiquem os próprios atos terríveis, é preciso que tenham certeza inabalável de sua retidão, suas crenças e seu merecimento. Racistas fazem o que fazem porque têm certeza de sua superioridade genética. Fanáticos religiosos dinamitam o próprio corpo e assassinam centenas porque têm certeza de seu lugar no céu como mártires. Homens estupram e agridem mulheres porque têm certeza de seu direito sobre o corpo delas.

Pessoas más nunca acreditam que são más; elas acreditam que *todos os outros* são maus.

Em experimentos controversos (posteriormente denominados Experimentos Milgram, em homenagem ao psicólogo Stanley Milgram), pessoas "normais" foram orientadas a punir voluntários por desrespeitarem regras. Foi o que elas fizeram, chegando à violência física em certos casos. Raras foram as que fizeram objeção ou pediram explicação. Muitas até pareceram gostar da sensação de retidão moral obtida durante o processo.

O problema é que não apenas a certeza é inatingível, como a busca pela certeza geralmente amplia e intensifica a insegurança.

Muita gente tem confiança plena em seu desempenho profissional e no salário que *deveria* ganhar, mas essa certeza faz as pessoas se sentirem pior, não melhor. Elas veem outros sendo promovidos e se sentem menosprezadas. Julgam-se desvalorizadas e não reconhecidas.

Até comportamentos simples, como dar uma olhada no celular do seu namorado ou perguntar a um amigo o que estão falando sobre você, são motivados por um desejo irresistível de segurança.

Você pode olhar as mensagens no celular do seu namorado e não encontrar nada, mas a coisa nunca para por aí; talvez você comece a se perguntar se ele tem outro aparelho. Para justificar ter perdido uma promoção no trabalho, você pode concluir que foi passado para trás. A questão é que isso o faz desconfiar dos seus colegas e duvidar de tudo que lhe dizem (e do que sentem por você), o que torna sua promoção menos provável. Você pode buscar aquela pessoa especial com quem é "destinado" a ficar, mas a cada rejeição e noite solitária você questiona mais o que está fazendo de errado.

E é nesses momentos de insegurança, de profundo desespero, que nos tornamos suscetíveis a uma arrogância insidiosa: acreditar que *merecemos* trapacear um pouco para conseguir o que queremos, que as outras pessoas *merecem* ser punidas, que *merecemos* nos apossar do que desejamos, às vezes usando de violência.

Volta o conceito da lei invertida: quanto mais tentarmos estar certos em relação a alguma coisa, mais incertos e inseguros nos sentimos.

Mas o oposto também é verdadeiro: quanto mais aceitamos a incerteza e a ignorância, mais confortáveis nos sentimos em não saber.

A incerteza neutraliza os julgamentos que fazemos dos outros; previne os estereótipos e os preconceitos que surgem quando vemos alguém na TV, no trabalho ou na rua. Ela também nos livra do autojulgamento. Porque não sabemos se somos agradáveis aos olhos alheios, se somos atraentes, se temos potencial para o sucesso. A única maneira de alcançar esses objetivos é permanecer em dúvida quanto a eles e estar aberto para descobrir a verdade através da experiência.

A incerteza é a raiz de todo progresso e de todo crescimento. Como diz um velho ditado, o homem que acha que sabe tudo não aprende nada novo. É impossível aprender algo se não a partir da ignorância. Desse modo, quanto mais admitimos não saber, mais criamos oportunidades de aprender.

Nossos valores são imperfeitos e incompletos. Presumir o oposto é o mesmo que vestir uma mentalidade perigosamente dogmática, caindo num comportamento arrogante e irresponsável. A única maneira de resolver nossos problemas é admitir que nossas ações e crenças sempre estiveram erradas e nunca funcionam.

A abertura para estar errado *precisa* existir se você quiser alguma mudança ou crescimento real.

Antes de analisarmos nossos valores e prioridades a fim de torná-los melhores e mais saudáveis, precisamos *duvidar* dos nossos valores atuais. Devemos, racionalmente, colocá-los em perspectiva, enxergar as falhas e os preconceitos, conferir se não se ajustam aos valores do resto do mundo, encarar nossa ignorância de frente e admitir a derrota. A ignorância é maior do que todos nós.

A Lei da Evasão de Manson

É provável que você já tenha ouvido falar da Lei de Parkinson: "O trabalho se expande de modo a preencher o tempo disponível para sua conclusão."

Sem dúvida também já ouviu a Lei de Murphy: "Tudo que pode dar errado vai dar errado."

Bem, da próxima vez que estiver numa festa chique e quiser impressionar, experimente citar a Lei da Evasão de Manson:

> Quanto mais alguma coisa ameaça sua identidade, mais você a evitará.

Ou seja: quanto mais alguma coisa ameaça mudar a visão que você tem de si mesmo — sua autoavaliação de sucesso ou fracasso, sua autoavaliação em relação aos próprios valores —, mais você evitará fazê-la.

Há certo conforto em saber como a gente se encaixa no mundo. Qualquer coisa que abale esse conforto é assustadora, mesmo que tenha o potencial de melhorar sua vida.

A Lei de Manson se aplica a mudanças boas e mudanças ruins. Ganhar milhões na loteria pode ameaçar sua identidade tanto quanto cair na miséria; virar um astro da música pode ameaçar sua identidade tanto quanto ficar desempregado. É por isso que tanta gente teme o sucesso — exatamente pelo mesmo motivo que teme o fracasso: porque ameaça a pessoa que pensa ser.

Você adia o sonhado projeto de aprender a tocar guitarra porque não quer questionar sua identidade como corretor de imóveis. Você evita conversar com seu marido sobre ser mais ousada na cama porque essa conversa desafiaria sua identidade de mulher "de família". Você evita dizer ao seu amigo que não quer mais sair com ele porque acabar com a amizade entraria em conflito com sua identidade de pessoa agradável e compreensiva.

Estes são alguns exemplos de oportunidades importantes ou atitudes importantes que rejeitamos porque ameaçam mudar a forma como nos vemos e nos posicionamos no mundo. Ameaçam os valores que escolhemos para nossa vida e que aprendemos a seguir.

Eu tinha um amigo que só vivia falando em colocar seus trabalhos na internet e tentar ganhar a vida como artista profissional (ou pelo menos semi). Passou anos sonhando com isso, economizou dinheiro e até criou alguns modelos de sites com seu portfólio.

A ideia nunca ia em frente. Havia sempre algum impedimento: a resolução do trabalho não era boa o bastante, ele tinha acabado de pintar algo melhor ou ainda não tinha tempo para se dedicar o suficiente.

Anos se passaram e ele nunca desistiu do seu "emprego de verdade". Por quê? Porque apesar de sonhar em ganhar a vida com arte, a possibilidade real de se tornar um Artista De Que Ninguém Gosta era muito mais assustadora que continuar sendo um Artista Que Ninguém Conhece. Pelo menos ele estava confortável e acostumado com o título de Artista Que Ninguém Conhece.

Tinha um outro amigo meu que era muito festeiro, vivia saindo para beber e conhecer gente nova. Depois de anos em euforia, porém, ele se viu terrivelmente solitário, deprimido e doente. Aí decidiu mudar seu estilo de vida. Falava com uma inveja feroz dos amigos que tinham um relacionamento estável e eram mais "sossegados". Mas esse cara nunca mudou de comportamento. Manteve o ritmo por mais anos e anos, insistindo em noites vazias e garrafas após garrafas. Sempre com alguma desculpa. Sempre com alguma razão para não diminuir o ritmo.

Abrir mão do seu estilo de vida ameaçava demais sua identidade. Ele só sabia ser o Fanfarrão. Desistir daquilo seria cometer um haraquiri psicológico.

Todos temos valores pessoais. Protegemos esses valores. Tentamos viver de acordo com eles, justificá-los e mantê-los. Mesmo sem perceber, é assim que o cérebro funciona. Como observado antes, somos injustamente tendenciosos em relação ao que já sabemos, às nossas certezas. Se eu acreditar que sou um cara legal, evitarei situações que possam vir a contradizer essa crença. Se acreditar que sou um ótimo cozinheiro, sempre buscarei oportunidades para provar isso a mim mesmo. A crença é sempre a prioridade. Até mudarmos a forma como enxergamos a nós mesmos, o que acreditamos ser e não somos, não temos como superar a evasão e a ansiedade. Não temos como mudar.

Nesse sentido, "conhecer a si mesmo" ou "se encontrar" pode ser perigoso. Pode prender você a um papel rígido e colocar expectativas desnecessárias nas suas costas. Pode fechá-lo para seu potencial interno e para oportunidades externas.

Quer saber? *Não* se encontre. *Nunca* conheça quem você é. Porque é isso que faz você se empenhar e viver em estado de constante descoberta. Essa postura vai forçá-lo a ser humilde nos julgamentos e na aceitação das diferenças.

Se mate

Segundo o budismo, a ideia do "eu" não passa de uma construção mental arbitrária e, por isso, é preciso abandoná-la, porque ela nem sequer existe. Segundo essa filosofia, a medida arbitrária pela qual nos definimos é, na verdade, algo que nos aprisiona, e, portanto, é melhor abrir mão dela. Em certo sentido, daria para dizer que o budismo nos encoraja a ligar o foda-se.

Essa visão dá uma sensação de insegurança, mas traz algumas vantagens em termos psicológicos. Quando abrimos mão das histórias que contamos sobre nós mesmos para nós mesmos, nos libertamos para agir (e fracassar) e crescer.

Quando alguém admite para si mesmo: "Acho que não tenho talento para relacionamentos", fica livre para agir e terminar um casamento infeliz. Essa pessoa não estará protegendo sua identidade ao manter uma união insatisfatória só para provar algo a si mesma.

Quando um estudante admite para si mesmo: "Sabe, talvez eu não seja rebelde; talvez só esteja com medo", subitamente se vê livre para voltar a ser ambicioso. Não há motivo para se sentir ameaçado por um possível fracasso na busca de seus sonhos acadêmicos.

Quando o corretor de imóveis admite para si mesmo: "Sabe, talvez não haja nada de único ou especial nos meus sonhos ou no meu emprego", ele se liberta para se matricular numa aula de música e ver no que dá.

Eu tenho uma notícia boa e uma ruim para você: *seus problemas são bem pouco originais e especiais*. É por isso que abrir mão das coisas é tão libertador.

Há uma espécie de egoísmo que acompanha o medo, e ele é baseado numa certeza irracional. Quando você presume que *seu* avião vai cair, que a ideia do *seu* projeto é idiota e que todo mundo vai rir dela ou que *você* é a pessoa que todos vão escolher para zombar ou ignorar, está implicitamente dizendo a si mesmo: "Eu sou a exceção; eu sou diferente de todos os outros; eu sou diferente e especial."

Isso é narcisismo puro e simples.

Você sente que os *seus* problemas merecem ser tratados de forma diferente, que os *seus* problemas têm uma característica única que não obedece às leis do universo.

Meu conselho é: *não seja* especial; *não seja* único. Redefina-se de acordo com as medidas mais comuns e abrangentes. Escolha não avaliar a si mesmo como uma estrela em ascensão ou um gênio em estado bruto. Escolha não avaliar a si mesmo como uma vítima ou um fracassado infeliz. E veja a si mesmo sob o viés de identidades mais simples — aluno, parceiro, amigo.

Quanto mais limitada e rara a identidade que você escolher, mais ameaçador parecerá o ambiente ao redor. Defina-se das formas mais simples e comuns se quiser evitar isso.

Em geral, isso significa desistir de ideias grandiosas para si: que é extremamente inteligente, incrivelmente talentoso, assustadoramente atraente ou que enfrentou sofrimentos inimagináveis para os reles mortais. Isso significa desistir de uma postura arrogante e da crença de que o mundo lhe deve alguma coisa. Significa abrir mão do suprimento de euforias emocionais que o sustentam há anos. Como um viciado que desiste da seringa, você vai passar por uma síndrome de abstinência quando começar a abrir mão dessas coisas. Mas no fim vai ser muito melhor.

Como ser um pouco menos seguro de si

Questionar a si mesmo e duvidar dos próprios pensamentos e crenças estão entre as habilidades mais difíceis de se desenvolver. Mas é possível. Aqui estão algumas perguntas para ajudá-lo a criar um pouco mais de incerteza na sua vida.

Pergunta 1: E se eu estiver errado?

Há pouco tempo, uma amiga minha ficou noiva. O cara que a pediu em casamento é bem sério. Não bebe. Não a agride nem a maltrata. É um sujeito simpático e com emprego estável.

Desde o noivado, o irmão dela faz críticas o tempo todo às escolhas de vida imaturas da irmã, avisa que ela vai se magoar com esse cara, que está cometendo um erro, que está sendo irresponsável. E sempre que minha amiga pergunta: "Qual é o seu problema? Por que meu noivado incomoda tanto você?", ele age como se não existisse *problema algum*, como se não se incomodasse nem um pouco e só estivesse tentando proteger a irmã mais nova.

Mas está na cara que tem, sim, alguma coisa o incomodando. Talvez sejam inseguranças a respeito da instituição do casamento; talvez uma rivalidade entre irmãos. Ciúmes, quem sabe? Ou talvez ele esteja tão envolvido na própria vitimização que não consiga demonstrar felicidade pelas alegrias alheias em vez de tentar estragar tudo.

A verdade é que somos nossos piores observadores. Os últimos a perceber quando estamos irritados, enciumados ou tristes. A única maneira de descobrir isso é enfraquecer a nossa armadura de certeza, o tempo todo considerando a possibilidade de engano.

Estou com ciúmes? E, se for mesmo isso, por quê? Ou então: *Estou com raiva? Será que ela tem razão, e eu só estou protegendo meu ego?*

Perguntas como essas precisam se tornar um hábito mental. Em muitos casos, o simples ato de recorrer à dúvida faz brotar humildade e compaixão, resolvendo muitos dos nossos problemas.

Mas é importante notar que questionar suas ideias não faz com que você esteja necessariamente errado. Se seu marido lhe dá uma surra por queimar a carne e você se pergunta se está errada em achar que ele a está maltratando... Bem, não, você não está errada. O objetivo do que proponho aqui é simplesmente relativizar suas conclusões e refletir, não se odiar.

Vale lembrar que, para qualquer mudança acontecer na sua vida, *você precisa estar errado em alguma opinião.* Se você passa seus dias olhando para o teto e sofrendo, *já está cometendo um erro crucial.* Até que você seja capaz de se questionar e se propor a descobrir o que é, nada vai mudar.

Pergunta 2: O que significaria estar errado?

Muitas pessoas conseguem se perguntar se estão erradas, mas poucas conseguem dar o passo seguinte, de avaliar quais seriam as *consequências* de estarem erradas. Isso porque o potencial significado por trás dos nossos erros em geral é doloroso. Não só nossos valores são questionados como nos vemos obrigados a considerar viver com um valor diferente, até oposto.

Aristóteles escreveu: "A marca de uma mente instruída é ser capaz de entreter uma ideia sem aceitá-la." Conseguir avaliar valores diferentes sem necessariamente adotá-los talvez seja a *principal* habilidade para mudar a própria vida de forma significativa.

Voltando ao irmão da minha amiga, sua pergunta para si mesmo deveria ser: *E se eu estiver enganado sobre o noivo da minha irmã?* Em geral, a resposta a uma pergunta como essa é bastante direta (algo como *Talvez eu esteja sendo egoísta/inseguro/um babaca narcisista*). Se ele estiver errado, se o noivo for um cara bacana, a única explicação para o seu comportamento envolveria inseguranças ou valores escrotos. Ele presume saber o que é melhor para a irmã, supondo que ela não tem capacidade de tomar decisões de vida importantes por conta própria; ele presume ter o direito e a responsabilidade de tomar as decisões por ela; ele tem certeza de que está certo e de que os outros, por consequência, estão errados.

Mesmo depois de descoberto, seja no irmão da minha amiga ou em nós mesmos, esse tipo de arrogância é difícil de admitir. Doloroso. É por isso que poucas pessoas fazem as perguntas mais profundas. O problema é que essas perguntas são vitais para chegar ao âmago dos problemas que motivam o comportamento babaca dele. Ou o nosso.

Pergunta 3: Se eu concluísse que estou errado, criaria um problema melhor ou pior que o atual, tanto para mim como para os outros?

Este é o teste crucial para determinar se temos valores sólidos ou se somos uns escrotos neuróticos que ferram com todo mundo, inclusive nós mesmos.

O objetivo é analisar qual *problema* é melhor. Porque, como bem disse o Panda da Desilusão, os problemas da vida são infinitos.

Quais são as opções do irmão da minha amiga?

A) Manter o drama e a tensão na família, complicando o que deveria ser um momento feliz e nutrindo a desconfiança e o desrespeito na relação com a irmã, em função do palpite (alguns chamariam de intuição) de que o futuro esposo será ruim para ela.

B) Desconfiar da própria habilidade de determinar o que é certo ou errado para a vida da irmã e, na dúvida, optar pela humildade, confiando na capacidade dela de tomar decisões ou, mesmo que não confie, aceitando suas escolhas por amor e respeito a ela.

A opção A é a mais popular, por ser a mais fácil. Não exige muita reflexão, não desperta autoquestionamentos e permite tolerância zero às decisões que outras pessoas tomem à sua revelia. Também cria um nível maior de infelicidade para todos os envolvidos.

Já a opção B é aquela que pode nutrir relacionamentos saudáveis e felizes, construídos com confiança e respeito. É a que nos obriga a baixar a bola e admitir nossa ignorância. É a que nos permite superar nossas inseguranças e reconhecer quando estamos sendo impulsivos, injustos ou egoístas.

Por ser dolorosa, a opção B costuma ser preterida.

O irmão dessa minha amiga, ao protestar contra o noivado, entrou em uma batalha imaginária consigo mesmo. É lógico que ele acreditava estar tentando proteger a irmã, mas, como vimos, nossas crenças são arbitrárias, ou, pior ainda, muitas vezes são definidas após determinada ação, para justificar valores e parâmetros que escolhemos para nós.

No caso que analisamos, a verdade é que o sujeito prefere ferrar seu relacionamento com a irmã a considerar que pode estar errado — embora a segunda opção possa ajudá-lo a superar as inseguranças que o induziram ao erro.

Eu tento levar uma vida baseada em poucas regras, mas uma das que adotei ao longo dos anos é: se for preciso escolher entre eu estar errado ou todas as outras pessoas estarem erradas, é muito, mas muito mais provável que seja eu o errado. Digo isso por experiência própria: incontáveis vezes agi de forma estúpida levado pelas minhas inseguranças e certezas equivocadas. Não é algo bonito de se ver.

Isso não quer dizer que a maioria das pessoas não esteja errada, de certa forma. E também não quer dizer que não existam momentos em que você estará mais correto que a maioria.

A realidade é algo simples: se parece que é você contra o mundo, é provável que seja só você contra si mesmo.

7

Fracassar é seguir em frente

Estou falando sério quando digo que tive sorte.

Terminei a faculdade em 2007, logo antes do colapso financeiro e da recessão, e tentei ingressar no pior mercado de trabalho dos últimos oitenta anos até o momento.

Mais ou menos na mesma época, descobri que a garota que sublocava um quarto no meu apartamento não pagava o aluguel havia três meses. Quando confrontada, ela caiu no choro e sumiu do mapa, deixando a dívida para mim e o outro colega que morava conosco. Adeus, economias. Passei seis meses dormindo no sofá de um amigo, fazendo bicos e tentando acumular o mínimo de dívidas possível enquanto corria atrás de um "trabalho de verdade".

Digo que tive sorte porque já entrei no mundo adulto como fracassado. Comecei lá embaixo, no subsolo. Sendo esse o maior medo de todo mundo em uma fase posterior da vida — na hora de abrir uma empresa, trocar de carreira ou sair de um emprego horrível —, foi bom conhecer a sensação logo no começo do caminho. Dali, as coisas só podiam melhorar.

Por isso, sim, tive sorte. Quando você "mora" num futon fedido, precisa contar moedas para almoçar no McDonald's uma vez por semana e não recebeu resposta para nenhum dos vinte currículos que enviou, começar a escrever num blog e abrir uma empresa idiota na internet não parecem ideias assustadoras. Se todos os projetos que eu começasse dessem errado, se nenhum texto meu fosse lido, eu voltaria ao ponto de partida. Então, por que não tentar?

O fracasso em si é um conceito relativo. Se meu parâmetro para a definição de sucesso fosse "me tornar um revolucionário anarcocomunista", minha incapacidade absoluta de ganhar dinheiro nos anos de 2007 e 2008 teria significado sucesso total. Mas se, como as pessoas normais, meu parâmetro fosse apenas um primeiro emprego decente para pagar algumas contas depois de formado, eu fui um fracasso.

Sou de família rica. Dinheiro nunca foi problema. Pelo contrário, fui criado numa família rica em que o dinheiro era mais necessário para evitar problemas. E isso também foi uma sorte, porque logo cedo aprendi que ganhar dinheiro só por ganhar era um péssimo parâmetro a seguir. Era possível ganhar muito dinheiro e ser infeliz, assim como era possível não ter um tostão furado e ser muito feliz. Então, por que me basear no dinheiro para medir meu valor?

Descobri que meu valor era outro. Era liberdade, autonomia. A ideia de ser um empreendedor sempre me atraiu, porque eu odiava que me dessem ordens e preferia fazer as coisas do meu jeito. E a ideia de uma publicação on-line me atraía porque eu podia trabalhar de qualquer lugar, no horário que quisesse.

Então me fiz uma pergunta simples: "Prefiro ganhar bem num emprego que odeio ou tentar a sorte na internet, mesmo que eu fique sem grana por um tempo?" A resposta foi clara e imediata: opção B. Em seguida, me fiz outra pergunta: "Se eu tentar isso e não der certo, e tiver que voltar a procurar um emprego formal daqui a alguns anos, terei perdido alguma coisa?" A resposta foi não. Em vez de um jovem desempregado sem experiência aos vinte e dois anos, eu seria um jovem desempregado sem experiência aos vinte e cinco. Dava no mesmo.

Com esse valor, minha ideia de fracasso deixou de se vincular à falta de dinheiro, ao fato de dormir no sofá de amigos e parentes (o que continuei fazendo por mais dois anos) e ao meu currículo vazio, tornando-se simplesmente "*não* correr atrás dos meus projetos".

O paradoxo do fracasso/sucesso

Já velho, Pablo Picasso estava num café na Espanha, desenhando num guardanapo usado. Estava distraído, rabiscando qualquer coisa que chamava sua atenção no momento — mais ou menos como garotos desenham pintos nas cabines dos banheiros —, só que, sendo Picasso, seus pintos de banheiro estavam mais para maravilhas cubistas/impressionistas em papéis manchados de café.

Enfim. A uma mesa perto dele, uma mulher sentada observava, admirada. Depois de um tempo, Picasso terminou de tomar o café e amassou o guardanapo para jogar fora ao sair.

A mulher o deteve.

— Espere. Posso ficar com aquele guardanapo em que você estava desenhando? Eu pago.

— Claro — respondeu Picasso. — Vinte mil dólares.

A cabeça da mulher foi lançada para trás como se ela tivesse levado uma tijolada na cabeça.

— O quê? Mas você levou dois minutos para desenhar aquilo.

— Não, senhora — retrucou Picasso. — Eu levei mais de sessenta anos.

E, guardando o guardanapo no bolso, ele saiu.

Aprimorar-se em uma tarefa é um processo que passa por milhares de pequenos fracassos, e a magnitude do seu êxito nisso vai se basear em quantas vezes você não conseguiu fazer determinada coisa. Se alguém é melhor do que você em algo, é provável que tenha cometido mais erros. Se alguém não é tão bom quanto você, é provável que não tenha enfrentado todas as suas dolorosas experiências de aprendizagem.

Considere uma criança pequena aprendendo a andar. Sabemos que ela vai cair e se machucar centenas de vezes. Mas em nenhum momento ela para e pensa: "Bem, acho que andar não é a minha. Não tenho talento para isso."

A aversão a fracassos e erros é adquirida posteriormente na vida. Tenho certeza de que grande parte disso vem do nosso sistema educacional, cujas avaliações são baseadas rigorosamente no desempenho e castigam os que não se saem bem. Outra grande parte desse problema são pais dominadores ou excessivamente críticos. Esse tipo de criação impede que os filhos errem por conta própria o suficiente e os pune por tentar algo diferente ou espontâneo, não predeterminado. Somemos a isso os meios de comunicação de massa apresentando casos e mais casos de gente bem-sucedida sem mostrar os milhares de horas de prática maçante e tédio necessárias para que chegassem a esse patamar.

Em algum momento, acabamos com medo de falhar, instintivamente evitando inovar ou só fazer aquilo em que somos muito bons.

Isso é limitador e sufocante. Só podemos atingir a excelência em algo se estivermos dispostos a falhar. Se você se recusa a correr o risco, não está disposto a ser bem-sucedido.

Grande parte do medo do fracasso surge por conta de valores pessoais muito ruins. Por exemplo, se eu avaliar a mim mesmo pelo parâmetro "ser amado por todo mundo", a ansiedade é certa, uma vez que dependerei cem por cento dos outros. Não estarei no controle. Assim, meu valor estará à mercê do julgamento de terceiros.

Se, em contrapartida, eu decidir adotar o parâmetro "ter uma vida social melhor", posso satisfazer o ideal de "manter boas relações" independentemente da reação dos outros. Meu valor próprio vai depender do *meu* comportamento e da *minha* felicidade.

Valores escrotos, como expliquei no capítulo 4, são aqueles que envolvem objetivos externos, fora do nosso controle. Buscá-los provoca alto grau de ansiedade. E, mesmo que consigamos alcançá-los, ficamos vazios e inertes: não há mais problemas a resolver.

Valores melhores, como vimos, são focados no processo. Algo como "honestidade ao se expressar" — um parâmetro a ser adotado em virtude do valor "honestidade" — nunca termina; é um problema que precisa ser revisto sempre. Toda nova interação social e todo novo relacionamento trazem novos desafios e novas oportunidades para se expressar com sinceridade. Esse tipo de valor é um processo contínuo e vitalício.

Se seu parâmetro para o valor "sucesso pelos padrões comuns" é "casa própria e carro bom" e você passa vinte anos trabalhando para conseguir isso, não terá mais parâmetros a se guiar quando atingir a meta. E aí é bom dizer alô para a crise da meia-idade, porque o problema que o motivou a vida toda lhe foi tirado. Daí em diante, não haverá como continuar crescendo e melhorando — só que é o crescimento que gera felicidade, não uma longa lista de conquistas arbitrárias.

Nesse sentido, os objetivos convencionalmente adotados — fazer faculdade, comprar uma casa de praia, perder dez quilos — oferecem uma quantidade limitada de felicidade. Eles podem ser úteis quando buscamos benefícios rápidos e de curto prazo, mas são uma droga como guias para uma trajetória de vida num sentido mais amplo.

Picasso foi prolífico por toda a vida. Viveu mais de noventa anos e continuou a produzir praticamente até morrer. Se seu objetivo fosse "ficar famoso", "enriquecer com arte" ou "alcançar a marca de mil quadros", ele teria estagnado em algum momento. Teria sido dominado pela ansiedade ou pela insegurança. Provavelmente não teria se aprimorado e inovado em sua arte, como fez década após década.

O sucesso de Picasso é explicado pela mesma coisa que explica por que ele, já velho, gostava de desenhar em guardanapos quando sentado sozinho num café. Seu valor de vida principal era simples, humilde e interminável: "me expressar de forma honesta". Por isso aquele guardanapo era tão valioso.

Dor faz parte do processo

Na década de 1950, um psicólogo polonês chamado Kazimierz Dabrowski estudou os sobreviventes da Segunda Guerra Mundial e seus diferentes modos de lidar com as experiências traumáticas que tinham vivido na guerra. O cenário em questão era a Polônia, então pode imaginar uns eventos bem terríveis. Aquelas pessoas haviam sofrido ou testemunhado fome, bombardeios que transformaram cidades em ruínas, o Holocausto, tortura de prisioneiros de guerra, estupro e/ou assassinato de parentes — se não pelos nazistas, pelos soviéticos, anos depois.

Nesse estudo, Dabrowski notou algo surpreendente. Uma porcentagem considerável dos sobreviventes acreditava que, apesar de dolorosa e traumática, a guerra os tinha tornado pessoas melhores, mais responsáveis e, sim, até mais felizes. Muitos se descreviam no pré-guerra como pessoas diferentes: sem gratidão pelos entes queridos, preguiçosos, consumidos por problemas insignificantes, julgando-se mais merecedores de tudo. Após a guerra, sentiam-se mais confiantes, mais seguros de si, mais agradecidos e não se deixavam abalar por trivialidades e pequenos aborrecimentos do cotidiano.

Tudo aquilo tinha sido horrível, é lógico, e nenhuma daquelas pessoas estava feliz por ter passado pelas tragédias da guerra. Muitos ainda sofriam com as cicatrizes emocionais. Alguns, no entanto, tinham conseguido canalizá-las para uma transformação pessoal positiva e poderosa.

E eles não estão sozinhos nessa inversão. Para muitas pessoas, as maiores realizações decorrem das maiores adversidades. Em geral, nosso sofrimento nos torna mais fortes, mais resistentes, mais equilibrados. Muitos sobreviventes do câncer, por exemplo, dizem se sentir mais fortes e gratos depois de vencer a batalha pela vida. Muitos militares relatam uma resistência mental obtida ao tolerar o ambiente de uma zona de conflito.

Dabrowski argumenta que nem sempre o medo, a ansiedade e a tristeza são estados de espírito indesejáveis ou inúteis. Pelo contrário: com frequência representam a dor necessária ao amadurecimento. Negar essa dor é negar nosso potencial. Assim como a dor muscular é necessária para fortalecer o corpo, a dor emocional é imprescindível se quisermos desenvolver resistência emocional, um senso mais agudo de identidade, mais compaixão e, em última instância, ter uma vida melhor.

Em perspectiva, as mudanças pessoais mais radicais acontecem depois das piores experiências. Só em face a uma dor intensa nos dispomos a reavaliar nossos valores e examinar suas falhas. *Precisamos* de algum tipo de crise existencial para analisar de forma objetiva a fonte do significado que damos à vida, e só depois considerar uma mudança de curso.

Qualquer um pode chamar isso de "fundo do poço" ou "crise existencial". Eu prefiro chamar de "tempestade de merda". Escolha o que achar melhor.

E talvez você esteja diante desse cenário neste exato momento. Talvez esteja saindo agora mesmo do desafio mais importante da sua vida e se sinta desnorteado porque tudo que considerava verdadeiro, normal e bom se transformou no oposto.

Isso é bom — é o ponto de partida. Repetindo: *a dor faz parte do processo*. É importante *senti-la*. Porque se você só corre atrás de euforias o tempo todo para encobrir a dor, deleita-se em arrogância e em pensamentos positivos delirantes, continua abusando de substâncias químicas ou exagerando a frequência de determinadas atividades, nunca terá motivação para mudar.

Quando eu era jovem, sempre que minha família comprava um videocassete ou aparelho de som novo, eu apertava todos os botões e tirava e recolocava todos os fios e cabos só para ver o que cada parte fazia. Com o tempo, aprendi como o sistema todo funcionava. E, como eu sabia toda a mecânica, normalmente era o único da casa a de fato usar os aparelhos.

Como aconteceu com muitos *millennials*, meus pais achavam que eu era uma espécie de prodígio. O fato de eu conseguir programar o videocassete sem olhar o manual de instruções me tornava a reencarnação de Nikola Tesla.

É fácil olhar para a geração dos meus pais e rir da tecnofobia que os acomete. Hoje, quanto mais avanço na vida adulta, melhor percebo que cada um age de forma semelhante em algumas áreas da vida — sentamos, olhamos, balançamos a cabeça e dizemos "Mas *como*?", quando a verdade é muito simples.

O tempo todo eu recebo e-mails com perguntas nesse estilo. Por muitos anos, eu não soube o que responder.

Teve o caso da garota cujos pais imigrantes economizaram a vida inteira para que ela pudesse estudar medicina. Já na faculdade, ela odiou, descobriu que não queria ser médica e o que mais queria era ir embora dali. Mas ela se sentia presa. Tanto que enviou um e-mail para um desconhecido na internet (no caso, eu) com uma pergunta boba e óbvia: "Como faço para largar a faculdade de medicina?"

Teve também um cara apaixonado por sua orientadora na faculdade. Ele sofria a cada suspiro, a cada risada, a cada sorriso dela, a cada brecha na conversa que lhes permitisse sair de assuntos acadêmicos e contar casos descontraídos. Ele me enviou por e-mail um arquivo de vinte e oito páginas contando toda essa novela e concluía com a pergunta: "Como eu a chamo para sair?" E ainda a mãe solteira cujos filhos terminaram a faculdade e agora ficam o dia todo em casa coçando o saco, comendo a comida dela, gastando o dinheiro dela, sem respeitar o espaço nem o desejo de privacidade dela. Essa mulher quer que eles toquem a vida. Ela quer seguir com a *própria* vida, mas morre de medo de afastar os filhos, por isso me pergunta por e-mail: "Como eu peço que eles saiam de casa?"

São perguntas videocassete. Para quem está de fora, a resposta é simples: respira fundo e se joga.

Para quem está na situação, da perspectiva de cada uma dessas pessoas, são perguntas extremamente complexas — charadas existenciais embrulhadas em desafios lógicos e jogadas num balde cheio de cubos mágicos.

Dúvidas videocassete são engraçadas, porque a resposta é difícil para quem está com a dúvida e facílima para todo o resto do mundo.

O problema é a dor. Preencher a papelada necessária para abandonar o curso de medicina é uma ação direta e óbvia; lidar com o desapontamento dos pais, não. Convidar a orientadora para sair é simples, basta uma frase; assumir o risco de intenso constrangimento e rejeição é muito mais complicado. Pedir que as pessoas arranjem uma casa para morar é um caminho objetivo; sentir que está abandonando os filhos é bem diferente.

Eu lutei contra a ansiedade social ao longo da maior parte da minha adolescência e juventude. Passava os dias jogando videogame e as noites sufocando a inquietude com álcool e cigarro. Durante muitos anos, achei que fosse impossível falar com um desconhecido — ainda mais se esse desconhecido fosse muito bonito ou muito interessante ou muito popular ou muito inteligente. Foram anos de mesmice e estupor, repetindo as mesmas perguntas videocassete:

Como? Como é que eu simplesmente vou lá e falo com alguém? Como as pessoas fazem isso?

Eu mantinha todo tipo de crença equivocada sobre o assunto, como a ideia de que era proibido puxar assunto com alguém a menos que houvesse algum motivo real para isso, ou de que as mulheres me veriam como um estuprador simplesmente se eu dissesse um "oi".

O problema residia em deixar minhas emoções definirem a realidade. Como eu *sentia* que as pessoas não queriam falar comigo, passei a *acreditar* nisso. Daí veio minha pergunta videocassete: "Como é que eu simplesmente vou lá e falo com alguém?"

Por não conseguir separar *sentimento* de *realidade*, eu era incapaz de mudar minha perspectiva e ver o mundo como um lugar onde duas pessoas podem se aproximar a qualquer momento e conversar.

Diante de algum tipo de dor, raiva ou tristeza, muita gente larga tudo e se concentra em entorpecer o sentimento ruim. O objetivo é voltar a "se sentir bem" o mais rápido possível, mesmo que para isso precise usar algum tipo de droga, se iludir ou retomar valores escrotos.

Aprenda a suportar a dor que você escolheu. Ao escolher um novo valor, você também está optando por introduzir um novo tipo de dor em sua vida. Portanto, aproveite-a. Experimente-a. Receba-a de braços abertos. Depois, continue agindo *apesar* da existência dessa dor.

Não vou mentir: no começo vai ser muito difícil e você vai se sentir perdido, sem saber o que fazer. Mas já falamos sobre isso, não? Você realmente não sabe. Não sabe *nada*. Mesmo quando acha que sabe, na verdade você não faz a menor ideia do que está acontecendo. Então, convenhamos, o que há a perder?

A vida se resume a não saber nada e agir mesmo assim. *Tudo* na vida segue essa dinâmica inalterável. Isso não muda nunca. Mesmo quando você está feliz, mesmo quando está vomitando arco-íris. Mesmo se você ganhar na loteria e comprar uma pequena frota de jet skis, a sensação de não ter a menor ideia do que está fazendo permanecerá. Nunca esqueça isso. E nunca, jamais, tenha medo disso.

O princípio do "Faça alguma coisa"

Em 2008, depois de me manter num emprego por incríveis seis semanas, larguei de vez essa ideia e resolvi fazer alguma coisa na internet. Na época, eu não tinha a menor ideia do que estava fazendo, mas concluí que, se era para continuar pobre e infeliz, ao menos seria trabalhando para mim mesmo. Ao mesmo tempo, eu só me importava com mulheres. Então, liguei o foda-se e criei um blog para falar sobre as doideiras da minha vida amorosa.

Logo na primeira manhã em que acordei como meu próprio patrão o terror me consumiu. Sentado diante do laptop, pela primeira vez me dei conta de que eu era totalmente responsável por *todas* as minhas decisões, assim como pelas consequências. Cabia a mim o webdesign, o marketing, a otimização de mecanismos de busca e outros assuntos obscuros. Estava tudo nas minhas costas. Tomei a atitude que qualquer pessoa de vinte e quatro anos que acabou de largar o emprego e não tem a menor ideia do que está fazendo tomaria: baixei alguns jogos e fugi do trabalho como quem foge do vírus Ebola.

Conforme as semanas se passavam e minha conta bancária mergulhava no vermelho, foi ficando claro que eu precisava pensar em alguma estratégia para me forçar a trabalhar as doze ou catorze horas por dia necessárias para fazer um empreendimento decolar. O plano veio de um lugar inesperado.

Um professor de matemática que tive no ensino médio, sr. Packwood, dizia: "Se você está empacado num problema, não fique parado pensando; comece. Mesmo que não saiba o que está fazendo, o simples ato de entrar em ação e tentar solucionar o problema vai acabar fazendo as ideias certas aparecerem na sua cabeça."

Nos primórdios daquela rotina de trabalho autônomo — quando o esforço era diário, eu não tinha um caminho definido a seguir e estava apavorado com os resultados (ou a ausência deles) —, o conselho do sr. Packwood começou a acenar para mim lá do fundo da minha mente. Ressoava como um mantra.

> Não fique aí parado. Faça *alguma coisa*. As respostas virão no caminho.

Ao aplicar o conselho do sr. Packwood, aprendi uma grande lição sobre motivação. Levei uns oito anos para absorvê-la por completo, mas o que descobri durante aquele longo e exaustivo período de lançamentos fracassados de produtos, textos de aconselhamento risíveis, noites desconfortáveis nos mesmos sofás de amigos, rombos na conta bancária e centenas de milhares de palavras escritas (a maioria não lida), talvez tenha sido a coisa mais importante que aprendi na vida:

> A ação não é apenas consequência da motivação; é também a causa.

A maioria das pessoas só age quando se sente motivada em certo nível, e só nos sentimos motivados quando temos inspiração emocional suficiente. Presumimos que esses passos ocorrem numa espécie de reação em cadeia:

> Inspiração emocional → Motivação → Ação desejada

Se você quer realizar alguma coisa e não se sente motivado ou inspirado, você acha que já era, ferrou. Não há nada que possa fazer. O impulso para sair do sofá e agir só acontece diante de algum grande evento emocional.

A questão é que a motivação não se estrutura numa cadeia de três partes, e sim num moto-contínuo:

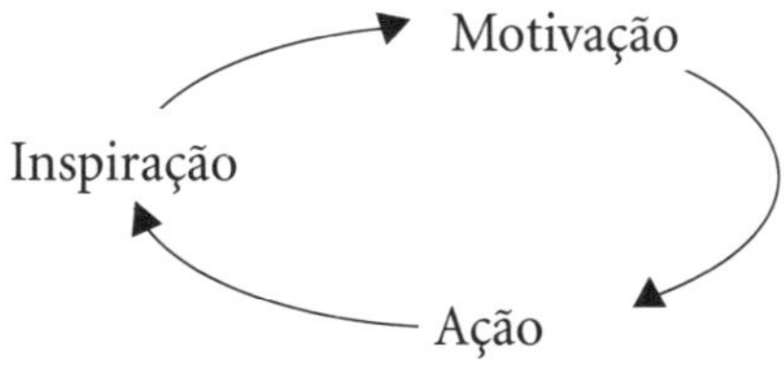

Ações levam a novas reações emocionais e, portanto, novas doses de inspiração, que por sua vez motivam ações futuras. Com base nessa ideia, podemos remodelar nossa concepção da seguinte maneira:

Ação → Inspiração → Motivação

Se você não está motivado para realizar determinada mudança importante, *faça alguma coisa*, qualquer coisa. Depois, aproveite o efeito da ação como combustível para se motivar.

Eu chamo isso de princípio do Faça Alguma Coisa. Depois de usá-lo para realizar meu projeto, comecei a ensiná-lo para os leitores que me procuravam com suas dúvidas videocassete: "Como faço para me candidatar a esse emprego?", ou "Como digo a esse cara que estou a fim dele?" e coisas do tipo.

Trabalhei sozinho nos primeiros anos. Semanas inteiras se passavam sem uma produção sólida, simplesmente porque eu me sentia ansioso e estressado com o que precisava fazer e era fácil demais adiar tudo. Mas logo aprendi que, ao me forçar a fazer *alguma coisa*, mesmo a mais insignificante das tarefas, as tarefas maiores pareciam muito mais fáceis. Se eu precisava reconstruir o site inteiro, era só me forçar a sentar e dizer a mim mesmo: "Ok, vou só refazer o cabeçalho agora." Depois do cabeçalho pronto, eu naturalmente passava para outras pendências. Até que, quando me dava conta, estava envolvido com o trabalho e cheio de energia.

Tim Ferriss, também ele autor prolífico, conta uma história que ouviu certa vez sobre um escritor com setenta livros publicados até então. Alguém perguntou ao sujeito como ele conseguia se manter inspirado e motivado para escrever tanto. Ele respondeu: "Duzentas palavras ruins por dia, só isso." A ideia era que, ao se forçar a escrever duzentas palavras do jeito que fosse, certamente o puro ato de escrever o inspiraria, e, quando via, ele tinha milhares de palavras.

Se seguirmos o princípio do Faça Alguma Coisa, o peso do fracasso é reduzido. Quando o parâmetro de sucesso é meramente a ação — quando *todo* resultado possível é considerado um progresso e tem seu valor, quando a inspiração é vista como uma recompensa e não um pré-requisito —, somos impulsionados à frente. Nos sentimos livres para fracassar, e até mesmo o fracasso nos movimenta.

O princípio do Faça Alguma Coisa não apenas ajuda a superar a procrastinação como contribui para a incorporação de novos valores. Se está no meio de uma tempestade existencial e nada faz sentido — se todos os seus mecanismos de autoavaliação o deixaram na mão e você não sabe o que esperar, se sabe que tem feito mal a si mesmo perseguindo sonhos falsos ou que sua autoavaliação poderia alcançar um parâmetro melhor que você desconhece —, a resposta é a mesma:

Faça alguma coisa.

Pode ser a menor ação viável no momento. Pode ser *qualquer coisa.*

Você reconhece que foi um escroto arrogante em todos os seus relacionamentos e quer desenvolver mais compaixão? Faça alguma coisa. Comece com algo simples, como ouvir o problema de alguém e doar um pouco do seu tempo para ajudar essa pessoa. Uma vez basta. Ou comprometa-se a reconhecer em si mesmo a raiz dos seus problemas na próxima vez em que ficar chateado. Apenas experimente a ideia e veja como se sente.

Geralmente, isso basta como empurrãozinho para a bola de neve começar a rolar, como inspiração para se motivar a seguir em frente. Qualquer pessoa, inclusive você, pode ser sua própria fonte de inspiração e motivação. Agir está sempre ao alcance. E, se você adotar o *fazer alguma coisa* como parâmetro de sucesso... Bem, nesse caso, até o fracasso vai lhe dar um novo impulso.

8

A importância de dizer não

Em 2009, vendi tudo que eu tinha, devolvi o apartamento alugado em que morava e fui para a América Latina. Àquela altura, meu humilde blog de conselhos amorosos vinha recebendo uma quantidade razoável de visitas e eu ganhava um dinheirinho modesto vendendo livros digitais e cursos on-line. Meu plano era passar alguns anos morando no exterior, tendo contato com novas culturas e aproveitando o baixo custo de vida em países da Ásia e da América Latina para investir e impulsionar meu negócio. Era o sonho do nômade digital, e, sendo um aventureiro de vinte e cinco anos, exatamente o que eu queria da vida.

Vale observar que, apesar de a ideia soar sedutora e ousada, nem todos os valores que me atraíram para esse estilo de vida nômade eram saudáveis. Alguns eram admiráveis — sede de ver o mundo, curiosidade por povos e culturas diferentes, espírito aventureiro à moda antiga —, mas também existia um pouco de vergonha sob tudo aquilo. Na época, eu mal notava, mas, se fosse honesto comigo mesmo, sabia que havia um valor errado à espreita. Não enxergava, mas em momentos de tranquilidade, se me permitisse ser completamente sincero, tinha uma sensação.

Junto com a arrogância dos vinte e poucos anos, as coisas "traumatizantes para cacete" da minha juventude tinham me deixado com vários problemas de comprometimento. Eu passara os últimos anos compensando a inadequação e a ansiedade social da adolescência. Como resultado, me sentia capaz de me aproximar de quem eu quisesse, ser amigo de quem eu quisesse, conquistar qualquer mulher, transar com quem eu bem entendesse — então, por que me comprometer com uma só pessoa, ou mesmo com um único grupo social, uma única cidade, um só país ou cultura? Se eu *podia* viver tudo, era o que eu *deveria* fazer, certo?

Armado com esse grandioso senso de conexão com o mundo, fiquei saltando de país em país, cruzando oceanos, continentes, em um jogo de amarelinha global que durou mais de cinco anos. Visitei cinquenta e cinco nações, fiz dezenas de amigos e me vi nos braços de várias mulheres — todas rapidamente substituíveis, algumas apagadas da memória já no voo para o país seguinte.

Era uma vida estranha, repleta de experiências fantásticas que escancararam meus horizontes, cheia de euforias superficiais, perfeitas para adormecer minha dor subjacente. Eu tinha a sensação de estar vivendo um momento que era ao mesmo tempo muito profundo e muito vazio. Ainda tenho, aliás. Algumas das maiores lições que aprendi na vida e alguns dos momentos que mais definiram meu caráter aconteceram durante esse período na estrada. Por outro lado, alguns dos meus maiores desperdícios de tempo e energia também.

Moro em Nova York atualmente. Tenho uma casa mobiliada, contas no meu nome e uma esposa. Nada disso é muito glamouroso ou empolgante. E eu gosto que seja assim. Depois de tantos anos intensos, a maior lição que tirei da minha aventura foi que a liberdade absoluta, por si só, não significa nada.

A liberdade nos dá a oportunidade de encontrar um significado maior, mas ela em si não tem necessariamente nada de significativo. No fim das contas, a única maneira de encontrar significado e propósito é rejeitar alternativas, num processo que constitui um *estreitamento* da liberdade, ao escolher formar vínculos e assumir compromissos com um lugar, uma crença ou (ai!) uma pessoa.

Essa percepção me ocorreu lentamente, durante meus anos de viagem. Como acontece com a maioria dos excessos que cometemos, é preciso se afogar neles para perceber que não nos fazem feliz. Foi assim comigo. Enquanto eu me afogava no meu quinquagésimo terceiro, quinquagésimo quarto e quinquagésimo quinto países, comecei a entender que, de todas aquelas experiências empolgantes e incríveis, poucas teriam algum significado duradouro. Enquanto meus amigos nos Estados Unidos estavam se casando, comprando casas e dedicando seu tempo a empresas interessantes ou causas políticas, eu flutuava de uma euforia a outra.

Em 2011, fui a São Petersburgo, na Rússia. A comida era uma droga. O clima estava uma droga. (Neve em maio? Estavam de sacanagem com a minha cara?) Meu apartamento na cidade era uma droga. Nada deu certo. Tudo era muito caro. As pessoas eram grosseiras e tinham um cheiro estranho. Ninguém sorria e todo mundo bebia demais. Mas eu adorei. Foi uma das minhas viagens preferidas.

A cultura russa tem uma aspereza que costuma desagradar os ocidentais. Ficam para trás as falsas simpatias e as cortesias verbais. Ninguém ali sorri para desconhecidos nem finge gostar de alguma coisa por educação. Na Rússia, se alguma coisa é ridícula, você diz que é ridícula. Se alguém está sendo babaca, você diz que está sendo babaca. Se você gosta de alguém e se sente muito feliz quando está com essa pessoa, você diz a ela que gosta muito dela e que se sente muito feliz quando está com ela. Mesmo que a pessoa em questão seja um amigo, um estranho ou alguém que você conheceu há cinco minutos na rua.

Na primeira semana, achei tudo isso muito desconfortável. Fui tomar café com uma garota russa, e três minutos depois de nos sentarmos ela me olhou de um jeito estranho e falou que o que eu tinha acabado de dizer era uma idiotice. Quase engasguei. Não havia nenhum traço de agressividade em sua voz; ela falou como quem conta um fato trivial — o clima naquele dia ou quanto ela calçava —, mas mesmo assim fiquei chocado. Afinal de contas, no Ocidente esse tipo de franqueza é considerado altamente ofensivo, sobretudo vindo de alguém que você acabou de conhecer. Mas todos agiam assim. Todo mundo parecia grosseiro o tempo todo, e, como resultado, minha mente ocidental mimada se sentia atacada por todos os lados. Inseguranças resistentes começaram a vir à tona em situações em que não apareciam havia anos.

Fui me acostumando à franqueza com o passar das semanas, bem como ao sol da meia-noite e à vodca que descia como água gelada. Depois comecei a apreciá-la pelo que realmente era: expressão pura. Honestidade no sentido mais verdadeiro da palavra. Comunicação sem cláusulas de condições, sem parcialidade velada, sem segundas intenções, sem desespero por agradar.

Após anos de viagem, foi ali, no lugar menos americano de todos, que conheci uma liberdade nova: poder dizer o que eu pensava e sentia, sem medo da repercussão. *Aceitar* a rejeição era uma estranha forma de libertação. E, por ter desejado a expressão direta durante a maior parte da vida — primeiro por causa de um ambiente familiar cheio de repressão emocional e, depois, pela falsa segurança que passei a demonstrar de um modo construído meticulosamente —, eu me embriaguei naquilo como se fosse a melhor vodca já produzida. O mês que passei em São Petersburgo passou voando, e no final eu não queria ir embora.

Viajar é uma ferramenta fantástica de desenvolvimento pessoal, porque nos afasta dos valores da nossa cultura e demonstra que outra sociedade pode viver com valores diferentes e ainda funcionar sem se odiar. Essa exposição a valores e parâmetros diferentes nos faz reexaminar o que parece óbvio e considerar que nossa forma de viver pode não ser necessariamente a melhor. Nesse caso, a Rússia me fez reexaminar a falsa comunicação calcada em simpatia, tão comum na cultura ocidental, e me perguntar se isso não nos deixa mais inseguros nas nossas relações e menos aptos à intimidade.

Eu me lembro de ter discutido essa dinâmica com meu professor de russo um dia, e ele me contou uma teoria interessante. Vivendo sob o regime comunista por tantas gerações, com poucas oportunidades econômicas e imersa numa atmosfera de medo, a sociedade russa descobriu que a moeda mais valiosa é a confiança. E, para criar confiança, é preciso sinceridade — isto é, se as coisas estão uma merda, você diz isso abertamente e sem se desculpar. Essas desagradáveis demonstrações de honestidade eram recompensadas pelo simples fato de serem necessárias para a sobrevivência: as pessoas precisavam saber em quem podiam ou não confiar, e precisavam saber rápido.

Enquanto isso, no Ocidente "livre", continuou meu professor de russo, havia uma abundância de oportunidades econômicas — tantas que se tornou muito mais valioso se comportar da maneira X, mesmo que fosse falsa, do que *ser* de fato da maneira X. A confiança perdeu o valor. As aparências e o carisma se tornaram formas de expressão mais vantajosas. Conhecer muita gente de forma superficial valia mais a pena do que conhecer pouca gente com intimidade.

É por isso que nas culturas ocidentais passamos a seguir a norma de sorrir e dizer coisas educadas, mesmo quando não estamos com vontade, além de contar mentirinhas bobas e fingir concordar mesmo quando discordamos. É por isso que as pessoas aprendem a fingir que são amigas de gente de quem não gostam, a comprar produtos que não desejam. O sistema econômico promove essa farsa.

A desvantagem é que, no Ocidente, você nunca sabe se pode confiar na pessoa com quem está falando, e isso acontece até entre amigos íntimos ou parentes. No Ocidente, a pressão para ser agradável é tão forte que muitas vezes reconfiguramos nossa personalidade inteira para se adequar melhor ao interlocutor.

Rejeição faz bem

Como extensão da nossa cultura positivista/consumista, muitas pessoas foram "doutrinadas" na crença de que devem tentar concordar e aceitar o máximo possível. Este é um dos pilares de muitos dos livros que pregam o pensamento positivo: abra-se para as oportunidades, aceite, diga sim a tudo e a todos, e por aí vai.

Mas *alguma coisa* a gente tem que rejeitar. Do contrário, não somos nada. Se uma coisa não for melhor ou mais desejável do que outra, somos vazios e nossa vida não tem sentido. Deixamos de ter valores e, portanto, vivemos sem propósito.

Evitar rejeitar e ser rejeitado é uma ideia vendida como uma maneira de se sentir melhor. Evitar a rejeição proporciona um prazer breve, mas nos deixa desorientados por um bom tempo.

Para realmente apreciar algo, é preciso se limitar. Há um nível de alegria e significado que só pode ser alcançado depois de décadas investindo em um único relacionamento, uma única habilidade, uma única carreira. É impossível alcançar tais coisas sem rejeitar as alternativas.

O ato de escolher um valor implica rejeitar outros. Se eu escolho tornar meu casamento a coisa mais importante da minha vida, estou também escolhendo não considerar importante orgias regadas a cocaína. Se escolho me julgar com base na minha capacidade de ter amizades honestas e tolerantes, ao mesmo tempo estou rejeitando falar mal dos meus amigos pelas costas. São decisões saudáveis, mas mesmo estas trazem embutida alguma rejeição.

A questão é a seguinte: todo mundo precisa se importar com *alguma coisa* para *valorizar* alguma coisa. E, para valorizar alguma coisa, precisamos rejeitar seu oposto. Para valorizar X, precisamos rejeitar o não X.

Essa rejeição é uma parte inerente e necessária da manutenção dos nossos valores e, portanto, da nossa identidade. Somos definidos pelo que escolhemos rejeitar. E se não rejeitamos nada (talvez por medo de *nos* rejeitarem), não temos identidade.

O desejo de evitar a rejeição a todo custo, de evitar o confronto e o conflito, o desejo de tentar aceitar tudo igualmente e de tornar tudo coerente e harmônico, é uma forma profunda e sutil de arrogância. Pessoas que pensam assim acham que *merecem* se sentir bem o tempo todo, aceitando tudo porque rejeitar algo pode causar desconforto a elas mesmas ou a outra pessoa. E como elas se recusam a rejeitar qualquer coisa, levam uma vida sem valores, egoísta e voltada para o prazer. Tudo que importa a esses indivíduos é sustentar essa euforia mais um pouco, evitar os fracassos inevitáveis da vida, fingir que não existe sofrimento.

Saber dizer "não" é crucial. Ninguém quer ficar preso num relacionamento infeliz. Ninguém quer ficar preso num emprego ruim, fazendo um trabalho em que não acredita. Ninguém quer se sentir impedido de ser sincero.

Mas a gente escolhe essas coisas. O tempo todo.

A honestidade é um desejo natural da humanidade, mas um de seus efeitos colaterais é nos obrigar a ouvir e dizer "não". Desse modo, a rejeição aprimora nossos relacionamentos e torna a vida emocional mais saudável.

Limites

Era uma vez dois jovens, um garoto e uma garota. A família de um odiava a família de outro. Um dia, o garoto entrou de penetra numa festa de família da garota, porque ele era meio babaca. Quando viu o garoto, a garota sentiu que os anjos cantavam uma melodia muito doce para suas partes íntimas e se apaixonou por ele na hora. Sem mais nem menos. Então, ele se esgueirou para o jardim da casa dela e ali os dois decidiram se casar *no dia seguinte*, porque, claro, isso é uma ótima decisão, ainda mais quando seus pais querem assassinar seus futuros sogros. Avancemos alguns dias. As famílias descobrem o casamento e têm um chilique. Mercúcio morre. A garota fica tão chateada que toma uma poção para dormir por dois dias. Mas, infelizmente, o jovem casal ainda não tinha aprendido as manhas de uma boa comunicação conjugal, e a jovem simplesmente esquece de contar que fez isso ao marido. Então o jovem confunde o coma da esposa com suicídio, perde completamente a linha e *se* mata, achando que vai ficar com ela no além ou coisa assim. Mas aí ela acorda do coma e, quando descobre que o marido se suicidou, resolve se matar também. Fim.

Hoje em dia, *Romeu e Julieta* é sinônimo de "romance" na nossa cultura, visto como a *grande* história de amor na cultura de língua inglesa, um ideal emocional a igualar. Mas, se prestarmos atenção ao que acontece na história, vemos que aqueles garotos estavam surtados. Prova disso é que se mataram.

Muitos estudiosos suspeitam que Shakespeare tenha escrito *Romeu e Julieta* não como uma história que celebraria o romance, mas como sátira, como forma de mostrar que o amor é insano. Ele não queria que a peça fosse uma glorificação do amor. A peça é justamente o contrário: uma grande placa de neon piscando mantenha distância e cercada por uma fita da polícia avisando não ultrapasse.

Durante a maior parte da história da humanidade, o amor romântico não foi celebrado como é hoje em dia. Na verdade, até meados do século XIX, era visto como um impedimento psicológico desnecessário e potencialmente perigoso para as coisas realmente importantes da vida — cuidar bem da fazenda, por exemplo, e/ou se casar com um cara que tivesse um monte de ovelhas. Em geral, os jovens eram afastados à força de suas paixões românticas em favor de casamentos que lhes trouxessem vantagens econômicas práticas, que pudessem proporcionar estabilidade tanto para o casal quanto para as famílias.

Hoje, no entanto, todo mundo se derrete por esse amor ensandecido. Ele predomina em nossa cultura. E quanto mais dramático, melhor — seja Ben Affleck tentando destruir um asteroide e salvar a Terra para impressionar a garota que ama, Mel Gibson assassinando centenas de ingleses e tendo fantasias com sua esposa estuprada e assassinada enquanto está sendo torturado até a morte, ou aquela elfa que abre mão da imortalidade para ficar com Aragorn em *O senhor dos anéis*, além de comédias românticas idiotas em que Jimmy Fallon desiste de assistir à final do Red Sox porque Drew Barrymore tem, tipo, *necessidades* ou algo assim.

Se esse tipo de amor romântico fosse cocaína, todos seríamos, em termos de cultura, Tony Montana, de *Scarface*: enterrando a cara numa montanha de amor romântico e gritando: *Say hello to my little friend!*

Estamos descobrindo que o amor romântico *é mesmo* equivalente a cocaína. Sério, é assustadoramente parecido. Ambos estimulam exatamente as mesmas partes do cérebro, deixam o usuário eufórico e se sentindo bem por um tempo, mas criam a mesma quantidade de problemas que solucionam. Iguaizinhos.

A maioria dos elementos que buscamos no amor romântico — exibições dramáticas e desconcertantes de afeto, altos e baixos turbulentos — não são demonstrações genuínas e saudáveis de amor. Muitas vezes não passam de mais uma forma de arrogância, só que nesse caso se manifestando no relacionamento.

Eu sei, estou dando uma de estraga-prazeres. Sério, que tipo de pessoa fala mal do amor romântico? Mas presta só atenção:

Existem formas saudáveis e formas não saudáveis de amar. O amor não saudável é o que une duas pessoas que estão usando aquele sentimento como meio de escapar de seus problemas, ou seja, um usa o outro como fuga. O amor saudável é o que une duas pessoas capazes de reconhecer e enfrentar seus problemas com o apoio um do outro.

Duas coisas diferenciam uma relação saudável de uma não saudável: 1) se ambos sabem aceitar responsabilidades e 2) se estão dispostos a rejeitar um ao outro e ser rejeitados um pelo outro.

Em qualquer relação insalubre ou tóxica, em ambos os lados haverá um senso de responsabilidade fraco e uma incapacidade de rejeitar e ser rejeitado. Em uma relação saudável, haverá limites claros entre as duas pessoas e seus valores, além de uma abertura para rejeitar e ser rejeitado quando necessário.

Por "limites", entenda-se a distinção da responsabilidade pelos problemas individuais. Pessoas em um relacionamento saudável, com limites fortes, assumirão a responsabilidade por seus próprios valores e problemas e não pelos do parceiro. Pessoas em uma relação tóxica, com limites fracos ou inexistentes, sempre evitarão a responsabilidade por seus problemas e/ou assumirão a responsabilidade pelos do parceiro.

Como identificar limites fracos? Eis alguns exemplos:

"Você não pode sair com seus amigos sem mim. Você sabe que eu fico com ciúme. Fique em casa comigo."

"Meus colegas de trabalho são uns idiotas; sempre me fazem chegar atrasado para reuniões porque preciso ficar explicando como devem fazer o próprio trabalho."

"Não acredito que você me fez de idiota para minha irmã. Nunca mais discorde de mim na frente dela!"

"Eu adoraria aceitar esse emprego em Milwaukee, mas minha mãe nunca me perdoaria se eu fosse morar tão longe."

"A gente pode namorar, mas será que você pode não comentar nada com a minha amiga? É que a Cindy fica muito insegura quando estou namorando e ela, não."

Nesses cenários, a pessoa está assumindo a responsabilidade por problemas e emoções que não são dela, ou exigindo que alguém assuma a responsabilidade por seus problemas e emoções.

Em geral, pessoas arrogantes caem em uma dessas duas armadilhas nos relacionamentos: ou esperam que outros assumam a responsabilidade pelos *seus* problemas — "Eu queria passar um fim de semana relaxante em casa. Você deveria saber e cancelar seus planos" —, ou assumem responsabilidade demais pelos problemas dos outros — "Ela foi demitida de novo, mas deve ter sido culpa minha, porque não dei o apoio que ela precisava. Vou ajudá-la a atualizar o currículo amanhã."

Pessoas arrogantes adotam essas estratégias nos relacionamentos, assim como em relação a tudo o mais, a fim de evitar a responsabilidade pelos próprios problemas. Como resultado, têm relacionamentos frágeis e superficiais, porque evitam a dor em vez de promover uma verdadeira apreciação e adoração do parceiro.

A propósito, isso não vale só para relacionamentos românticos, serve também para relacionamentos familiares e amizades. Uma mãe dominadora, por exemplo, assume a responsabilidade por todos os problemas que surgem na vida dos filhos. A arrogância dela incentiva a arrogância nos filhos, que crescem acreditando que outras pessoas devem se responsabilizar pelos problemas deles.

(É por isso que os problemas de relacionamento de um casal são assustadoramente semelhantes aos problemas de relacionamento dos pais de cada parceiro.)

Quando a responsabilidade por suas emoções e ações está indefinida — quando não está claro quem é responsável pelo quê, quem é culpado de quê, por que você está fazendo o que está fazendo —, você nunca desenvolve valores fortes para si mesmo. Seu único valor *se torna* fazer o parceiro feliz. Ou seu único valor *se torna* esperar que o parceiro o faça feliz.

Isso é autodestrutivo, é claro. E os relacionamentos com essa característica costumam despencar como o *Hindenburg*, com todo o drama a que se tem direito, fogos de artifício e tudo.

Ninguém pode resolver os seus problemas para você. E nem deveria tentar, porque isso não vai fazê-lo feliz. Da mesma forma, você não pode resolver problemas alheios, porque isso não vai ajudar a fazer as pessoas felizes. Um relacionamento não saudável é quando duas pessoas tentam resolver os problemas um do outro para se sentir bem consigo mesmas. Um relacionamento saudável é aquele em que cada um resolve seus problemas para se sentir bem com o outro.

Definir limites adequados não significa que você não pode ajudar ou apoiar seu parceiro ou receber ajuda e apoio. Os dois devem se apoiar mutuamente. Mas que seja por *escolha* própria, não por se sentirem obrigados a isso ou no direito de exigir.

Pessoas arrogantes que culpam os outros pelos sentimentos ruins e pelo que fazem de errado agem assim por acreditar que o papel de vítima vai em algum momento atrair alguém para salvá-las, e assim elas receberão o amor que sempre desejaram.

Pessoas arrogantes que assumem a culpa pelo que o outro sente de ruim e o que o outro faz de errado agem assim por acreditar que, ao "consertar" e "salvar" o parceiro, receberão o amor e o reconhecimento que sempre desejaram.

Esses são o *yin* e o *yang* de qualquer relação tóxica: a vítima e o salvador, o que causa incêndios porque se sente importante fazendo isso e o que apaga os incêndios porque se sente importante fazendo isso.

Esses dois tipos de pessoas são atraídos fortemente um para o outro e geralmente acabam juntos. Suas patologias combinam à perfeição. Em geral, esses indivíduos têm pais que também apresentam uma dessas características. Desse modo, seu modelo de um relacionamento "feliz" é baseado em arrogância e limites fracos.

Infelizmente, nenhum dos dois consegue satisfazer as necessidades reais do outro. Na verdade, o padrão exagerado de culpa e aceitação da culpa que os dois adotam perpetua a arrogância e os valores rasos, o que, por sua vez, os impede de ter suas necessidades satisfeitas. A vítima cria cada vez mais problemas para serem resolvidos — não porque surjam novos problemas reais, mas porque assim ela ganha atenção e afeto. E o salvador só resolve e resolve sem parar — não porque realmente se importe com os problemas, mas porque acredita que fazendo isso vai ganhar atenção e afeto. Ambos os comportamentos têm motivações egoístas e condicionais e, portanto, são autossabotagem. Nesses cenários, pouco se vivencia o amor genuíno.

Se a vítima amasse mesmo o salvador, diria: "Olha, este problema é meu e você não precisa resolvê-lo para mim. Só preciso que você me apoie enquanto vou resolvendo." Essa seria uma *verdadeira* demonstração de amor: assumir a responsabilidade pelos próprios problemas e não jogar a responsabilidade para o parceiro.

Se o salvador realmente quisesse salvar a vítima, diria: "Olha, você está culpando os outros pelos seus problemas. Você é quem deve resolvê-los." E, embora pareça estranho, essa seria uma *verdadeira* declaração de amor. Seria ajudar alguém a se resolver.

Em vez disso, porém, vítimas e salvadores usam um ao outro para obter euforias emocionais. É como um vício que satisfazem mutuamente. O irônico é que, quando se deparam com parceiros emocionalmente saudáveis, em geral esses indivíduos se sentem entediados ou alegam não ter "química". O descarte de indivíduos emocionalmente saudáveis e seguros se dá porque os limites sólidos desses parceiros não são "empolgantes" o suficiente para estimular constantes euforias na pessoa arrogante.

Para as vítimas, a coisa mais difícil de se fazer neste mundo é se responsabilizar por seus problemas. Elas passaram a vida toda acreditando que seu destino está nas mãos dos outros. O primeiro passo para assumir a responsabilidade por si mesmas é apavorante.

Para os salvadores, a coisa mais difícil de se fazer neste mundo é parar de tomar problemas alheios para si. Eles passaram a vida toda sendo valorizados e amados quando ajudavam alguém, e abrir mão dessa necessidade de ser recompensados por boas ações também é assustador.

Se você faz um sacrifício por alguém de quem gosta, isso deve ser feito por vontade própria, não por obrigação ou por temer as consequências de não fazê-lo. Se seu parceiro faz um sacrifício em seu nome, que seja um gesto altruísta, e não porque você manipulou o sacrifício por meio de raiva ou culpa. Atos de amor só são válidos se livres de condições ou expectativas.

Pode ser difícil reconhecer a diferença entre fazer algo por obrigação ou voluntariamente. Então, eis um teste para o salvador. Pergunte a si mesmo: "Se eu me recusasse a fazer esse gesto, o que mudaria no nosso relacionamento?" Para a vítima, a pergunta seria: "Se meu parceiro se recusasse a fazer algo por mim, o que mudaria no nosso relacionamento?"

Se a resposta é que a recusa causaria uma explosão de drama e pratos quebrados, é mau sinal. Isso sugere que seu relacionamento é condicional, ou seja, baseado em uma troca de benefícios superficiais, não em uma aceitação incondicional mútua (o que inclui aceitar os problemas um do outro).

Pessoas com limites fortes não têm medo de chiliques, discussões ou tristeza. Pessoas com limites fracos morrem de medo dessas coisas e sempre moldarão o próprio comportamento para se adequar aos altos e baixos da montanha-russa emocional do relacionamento.

Pessoas com limites fortes entendem que não é razoável esperar que duas pessoas cedam cem por cento e satisfaçam todas as necessidades uma da outra. Pessoas com limites fortes entendem que às vezes podem ferir os sentimentos de alguém, mas que, no fim das contas, não podem determinar como os outros se sentem. Pessoas com limites fortes entendem que um relacionamento saudável não se baseia em um controlar as emoções do outro, mas em um apoiar o outro em seu crescimento individual e na resolução de seus próprios problemas.

Não se trata de se importar com tudo que importa para seu parceiro, e sim de se importar com *seu parceiro*. Isso é amor incondicional, queridos.

Como construir confiança

Minha esposa é daquelas que ficam uma eternidade na frente do espelho. Ela adora ficar linda, e eu também adoro que ela fique linda (é claro).

Antes de sairmos à noite, ela emerge do banheiro depois de uma sessão de uma hora de maquiagem/cabelo/roupas e tudo o mais que as mulheres fazem lá dentro, e me pergunta se está bonita. Em geral, está deslumbrante. De vez em quando, não. Talvez tenha tentado fazer algo novo no cabelo ou decidido usar uma bota que algum designer de moda escandaloso de Milão achou vanguardista. Seja qual for o motivo, algumas coisas não funcionam.

Quando digo isso, ela fica irritada. Volta para o closet ou para o banheiro para refazer tudo e nos atrasar mais meia hora, soltando um monte de palavrões e às vezes até direciona alguns para mim.

O estereótipo masculino nessas situações é mentir para deixar a namorada/esposa feliz. Mas eu não faço isso. Por quê? Porque, no meu relacionamento, honestidade é mais importante do que me sentir bem o tempo todo. A última pessoa com quem eu deveria ter que censurar minhas opiniões é a mulher que eu amo.

Por sorte, sou casado com uma pessoa que concorda com isso e está disposta a ouvir o que penso sem censura. Ela também chama atenção para as minhas babaquices, é claro, um dos traços mais importantes que ela me oferece como parceira. Meu ego é ferido às vezes? Sim. Eu reclamo e tento argumentar, mas algumas horas depois volto amuado e admito que ela estava certa. E, cara, essa mulher me torna uma pessoa melhor, mesmo que na hora eu odeie ouvir o que ela tem a dizer.

Quando a nossa maior prioridade é nos sentirmos bem o tempo todo, ou sempre fazer com que o nosso parceiro se sinta bem, no fim das contas ninguém se sente bem. E a relação desmorona sem ninguém perceber.

Sem conflito, não pode haver confiança. Eles existem para nos mostrar quem está ao nosso lado incondicionalmente e quem só quer os benefícios. Ninguém confia em alguém que só diz sim. Se o Panda da Desilusão estivesse aqui, ele diria que a dor dos nossos relacionamentos é necessária para consolidar a confiança e produzir uma intimidade maior.

Para que um relacionamento seja saudável, ambas as partes devem estar dispostas e ser capazes de dizer e ouvir não. Sem essa negação, sem essa ocasional rejeição, os limites se quebram e os problemas e valores de um dominam os do outro. Portanto, o conflito não só é normal como *absolutamente necessário* para a manutenção de uma relação saudável. Se duas pessoas próximas não conseguem demonstrar suas diferenças de forma aberta e franca, a relação é baseada em manipulação e distorção e logo se tornará tóxica.

A confiança é o ingrediente mais importante em um relacionamento, pela simples razão de que sem ela o relacionamento não *significa* nada. Uma pessoa pode dizer que ama você, que quer ficar com você, que largaria tudo por você, mas se você não confia nela, não se beneficia dessas declarações. Você não se sente verdadeiramente amado até confiar que esse amor não virá com alguma condição especial nem bagagem agregada.

Esse é o fator mais destrutivo na traição. Não é só o sexo, mas a confiança que foi destruída com ele. Sem confiança, o relacionamento não tem mais como funcionar. Nesse ponto é preciso reconstruí-la ou dizer adeus.

Sempre recebo e-mails de gente que foi traída pela pessoa amada, mas quer continuar com o parceiro e está se perguntando como voltar a confiar nele. Sem confiança, dizem essas pessoas, o relacionamento começou a parecer um fardo, uma ameaça que deve ser monitorada e questionada, e não desfrutada.

O problema é que a maioria das pessoas que é pega traindo pede desculpa, usa o famoso "isso nunca mais vai acontecer" e pronto. É como se órgãos sexuais estivessem sempre se chocando por acidente. Muitos traídos aceitam essa resposta logo de cara e não questionam os valores e o que realmente importa para seu parceiro; não se perguntam se esses fatores fazem valer a pena ficar com ele. Estão tão preocupadas em manter o relacionamento que não reconhecem que ele se tornou um buraco negro que consome seu amor-próprio.

Se as pessoas traem é porque algo além do relacionamento é mais importante para elas. Pode ser o poder que exercem sobre os outros. Pode ser a necessidade de auto-afirmação através do sexo. Pode ser a entrega aos próprios impulsos. Seja o que for, é evidente que os valores de quem trai não estão alinhados de forma a sustentar um relacionamento saudável. Se o traidor não admite ou aceita isso, se só dá a velha resposta "não sei o que eu tinha na cabeça", ele não tem a autoconsciência necessária para resolver qualquer problema do relacionamento.

Os traidores precisam, portanto, começar a descascar a cebola da autoconsciência e descobrir quais valores escrotos os levaram a quebrar a confiança do relacionamento (e se realmente ainda valorizam essa relação). Precisam ser capazes de dizer: "Eu sou egoísta. Eu me preocupo mais comigo do que com o meu parceiro; para ser sincero, eu nem respeito muito esse relacionamento." Se os traidores não conseguem expressar seus valores de merda e mostrar que os superaram, não há motivo para acreditar que são confiáveis. E se não são confiáveis, o relacionamento não vai melhorar nem mudar.

Outro fator que ajuda a recuperar a confiança é bem prático: o histórico. Se alguém trai, as palavras que dirá na sequência soarão agradáveis; mas é preciso enxergar se há um histórico consistente de melhoria no comportamento. Só então é possível ter certeza de que os valores do traidor estão alinhados corretamente e que ele realmente mudará.

Infelizmente, construir um histórico de confiança leva tempo — sem dúvida muito mais que o necessário para quebrá-la. Durante esse período de reconstrução da confiança é provável que as coisas fiquem uma merda. Ambas as partes devem estar conscientes da batalha que estão escolhendo encarar.

Eu usei o exemplo da traição em um relacionamento romântico, mas esse processo se aplica a violações em qualquer relação. Só é possível reconstruir a confiança se as duas etapas seguintes acontecerem: 1) quem traiu admite os valores verdadeiros que causaram a ruptura e os assume, e 2) quem traiu constrói um histórico sólido de comportamento melhor ao longo do tempo. Sem o primeiro passo, não deve nem haver uma tentativa de reconciliação.

A confiança é como um prato de porcelana. Uma vez quebrado, é possível reconstruí-lo, com algum cuidado e atenção. Duas vezes quebrado, partirá em mais cacos e consertá-lo levará muito mais tempo. Se a outra pessoa continuar a quebrá-lo, em algum momento será impossível restaurá-lo. Haverá cacos e poeira demais.

A liberdade através do compromisso

A cultura consumista sabe muito bem nos fazer querer mais, mais e mais. Sob todo o *hype* e marketing está a sugestão de que mais é sempre melhor. Eu aceitei essa ideia durante muitos anos. Ganhe mais dinheiro, visite mais países, tenha mais experiências, fique com mais mulheres.

Mas nem sempre mais é melhor. Na verdade, o oposto é verdadeiro. Em geral ficamos mais felizes com menos. Quando somos sobrecarregados por oportunidades e opções, sofremos o que os psicólogos chamam de paradoxo da escolha. Basicamente, quanto mais variáveis, menos satisfeitos ficamos com o que escolhemos, porque temos consciência de que perdemos várias opções.

Então, se você escolher um entre dois lugares para morar, provavelmente se sentirá confortável e confiante de que fez a escolha certa. Ficará satisfeito com a sua decisão.

Mas se tiver um leque de vinte e oito opções e escolher uma, o paradoxo da escolha diz que provavelmente você passará anos sofrendo e duvidando de si mesmo, se perguntando se tomou a decisão "correta", e se está mesmo maximizando a sua felicidade. E essa ansiedade, esse desejo por certeza, perfeição e sucesso trará infelicidade.

Então, como agimos? Bem, se você for como eu costumava ser, evita escolher qualquer coisa. Tenta manter suas opções em aberto o máximo de tempo possível. Evita se comprometer.

Mas embora investir profundamente em uma pessoa, um lugar, um emprego ou uma atividade possa nos negar a amplitude de experiências que gostaríamos, buscar uma amplitude de experiências nos nega a oportunidade de vivenciar as recompensas das experiências mais profundas. Existem algumas experiências que você *só* pode ter depois de morar no mesmo lugar por cinco anos, de ficar com a mesma pessoa por mais de uma década, de passar metade da vida fazendo o mesmo trabalho. Agora que já passei dos trinta, finalmente reconheço que o comprometimento, à sua maneira, oferece uma gama muito rica de oportunidades e experiências que nunca estariam disponíveis para mim, não importa aonde eu fosse ou o que fizesse.

Quando você tenta ter uma amplitude muito grande de experiências, o retorno é cada vez menor a cada nova aventura, a cada nova pessoa ou coisa. Se você nunca saiu do seu país, o primeiro país que visita inspira uma imensa mudança de perspectiva, porque você tem uma base de experiências muito pequena. Mas quando já esteve em vinte, o vigésimo primeiro acrescenta pouco. E quando esteve em cinquenta, o quinquagésimo primeiro adiciona ainda menos.

O mesmo vale para os bens materiais, dinheiro, hobbies, empregos, amigos e parceiros românticos/sexuais — todos valores ruins e superficiais que as pessoas escolhem para si mesmas. Quanto mais velhos ficamos, mais experiência obtemos e menos cada nova experiência nos afeta. A primeira vez em que bebi em uma festa foi empolgante. A centésima foi divertida. A quingentésima foi só um fim de semana normal. E a milésima foi chata e sem importância.

Pessoalmente, a grande questão para mim ao longo dos últimos anos foi minha capacidade de aceitar o comprometimento. Escolhi rejeitar tudo, menos as melhores pessoas, experiências e valores da minha vida. Eliminei todos os outros projetos profissionais paralelos e decidi me concentrar apenas em escrever. Desde então, meu site se tornou mais popular do que eu jamais teria imaginado. Eu me comprometi a ficar com uma só mulher a longo prazo e, para a minha surpresa, achei isso mais recompensador que qualquer um dos casinhos, encontros e noites de sexo casual que tive no passado. Assumi um compromisso com uma única cidade e passei a cuidar melhor das minhas poucas amizades importantes, genuínas e saudáveis.

Com isso descobri algo improvável: existe uma liberdade e uma libertação no compromisso. Encontrei *mais* oportunidades e aspectos positivos ao rejeitar alternativas e distrações e favorecer o que me importa de verdade.

O compromisso liberta porque deixamos de lado as distrações com o que é insignificante e frívolo. Liberta porque foca nossa atenção, nos direcionando ao que é mais eficiente em nos tornar saudáveis e felizes. O compromisso torna a tomada de decisões mais fácil e elimina o medo de sair perdendo; sabendo que o que você já tem é bom o suficiente, por que se estressar buscando mais, mais e mais? O comprometimento permite que nos concentremos em objetivos importantes e obtenhamos mais sucesso do que seria possível sem ele.

A rejeição das alternativas nos liberta — abrimos mão da constante busca da amplitude sem profundidade e do que não se alinha aos nossos valores mais importantes e às medidas que escolhemos.

Sim, é provável que a amplitude de experiências seja necessária e desejável quando somos jovens — afinal, precisamos explorar o mundo e descobrir no que vale a pena investir. Mas a profundidade é onde o verdadeiro tesouro está. Para trazê-lo à tona é preciso cavar fundo e assumir um compromisso com o que quer que seja. Isso vale para relacionamentos, carreira e para a construção de um bom estilo de vida — vale para tudo.

9

... E aí você morre

"Busque a verdade por si mesmo, e te encontro lá."

Foi a última coisa que Josh me disse. Ele falou com ironia, tentando parecer profundo enquanto zombava das pessoas que faziam isso a sério. Ele estava bêbado e chapado. E ele era um bom amigo.

O momento mais transformador da minha vida aconteceu quando eu tinha dezenove anos. Josh, meu amigo, tinha me levado a uma festa em um lago ao norte de Dallas, Texas. Havia um condomínio com piscina ao pé da colina, e depois da piscina, um penhasco encimando o lago. Era um penhasco modesto, devia ter uns dez metros — alto o suficiente para fazer você pensar duas vezes antes de pular, mas baixo o bastante para a combinação certa de álcool e pressão dos amigos dissipar essa dúvida.

Logo depois de chegar à festa, eu e Josh nos sentamos na beira da piscina, bebendo cerveja e conversando como garotos revoltados fazem. Falamos de bebida, garotas e de todas as coisas legais que Josh tinha feito naquele verão depois de largar a escola de música. Falamos de tocar juntos em uma banda e de nos mudarmos para Nova York — um sonho impossível na época.

Éramos garotos.

— Dá para pular dali? — perguntei depois de um tempo, apontando com a cabeça para o penhasco do lago.

— Dá — disse Josh. — As pessoas sempre fazem isso.

— Você vai pular?

Ele deu de ombros.

— Talvez. Vamos ver.

Mais tarde, nos separamos na festa. Eu tinha me distraído com uma asiática linda que gostava de videogames, o que para mim, adolescente nerd, era quase como ganhar na loteria. Ela não estava interessada em mim, mas era legal e me deixou falar, então foi isso que eu fiz. Depois de algumas cervejas, reuni coragem para convidá-la para ir até a casa comigo e comer alguma coisa. Ela aceitou.

Nós subimos a colina e esbarramos com Josh, que vinha descendo. Eu perguntei se ele queria comer, mas ele recusou. Perguntei onde ele estava indo.

— Busque a verdade por si mesmo, e te encontro lá! — disse ele, sorrindo.

Eu assenti e fiz uma cara séria.

— Ok, te vejo lá — respondi, como se todo mundo soubesse exatamente onde a verdade estava e como chegar até ela.

Rindo, Josh foi descendo a colina em direção ao penhasco. Eu ri e continuei subindo para casa.

Não sei quanto tempo fiquei lá dentro. Só lembro que, quando a garota e eu saímos, todo mundo tinha sumido e havia sirenes. A piscina estava vazia. As pessoas desciam a colina correndo em direção à margem sob o penhasco. Muita gente já estava perto da água. Vi alguns caras nadando. Estava escuro e era difícil enxergar. A música continuava tocando, mas ninguém prestava atenção.

Ainda sem entender o que tinha acontecido, eu corri para a margem, comendo meu sanduíche, curioso para saber o que todo mundo estava olhando.

— Acho que aconteceu alguma tragédia — disse a asiática bonita, na metade do caminho.

Quando cheguei ao pé da colina, perguntei por Josh. Ninguém falou comigo ou notou minha presença. Todo mundo olhava para a água. Perguntei de novo, e uma garota começou a chorar descontroladamente.

Foi quando a ficha caiu.

Os mergulhadores levaram três horas para encontrar o corpo dele no fundo do lago. Mais tarde, a autópsia revelaria que ele teve uma cãibra nas pernas por causa da desidratação causada pelo álcool, assim como pelo impacto do salto de cima do penhasco. Estava escuro quando Josh pulou, a água se fundindo à noite, preto sobre preto. Ninguém conseguiu identificar de onde vinham os gritos por socorro. Só dava para ouvir um barulho. Apenas sons. Tempos depois, os pais dele me contaram que Josh nadava muito mal. Eu não fazia ideia.

Levei doze horas para me permitir chorar. Estava no carro, voltando para casa em Austin na manhã seguinte. Telefonei para meu pai e disse que ainda estava perto de Dallas e que ia faltar ao trabalho. (Eu estava trabalhando para ele naquele verão.)

— Por quê? — perguntou ele. — O que aconteceu? Está tudo bem?

E foi aí que começou: o choro. Urros, gritos e muco escorrendo. Parei o carro no acostamento, agarrei o celular e chorei como um menininho chora no colo do pai.

Entrei em depressão profunda naquele verão. Eu achava que já estivera deprimido antes, mas aquele era um nível completamente novo de falta de significado — uma tristeza tão profunda que causava dor física. As pessoas vinham me visitar na esperança de animar a situação, mas eu simplesmente ficava lá sentado e as ouvia, dizendo e fazendo todas as coisas certas. Agradecia por tudo, dizendo que tinha sido muito legal da parte delas terem vindo, fingia um sorriso, mentia e dizia que estava melhorando, mas por dentro não sentia nada.

Durante alguns meses, eu sonhei com Josh. Nesses sonhos, eu e ele tínhamos longas conversas sobre a vida e a morte, e também sobre coisas aleatórias inúteis. Até aquele ponto da minha vida, eu tinha sido um típico garoto maconheiro de classe média: preguiçoso, irresponsável, socialmente ansioso e profundamente inseguro. Josh, em vários sentidos, era alguém que eu admirava. Era mais velho, mais confiante, mais experiente e mais tolerante e aberto para o mundo ao seu redor. Em um dos meus últimos sonhos com ele, nós estávamos em uma jacuzzi (eu sei, estranho), e falei algo do tipo: "Sinto muito por você ter morrido." Ele riu. Não me lembro exatamente quais foram as palavras, mas ele falou algo como: "Por que você se importa por eu ter morrido se ainda tem tanto medo de viver?" Acordei chorando.

Eu estava sentado no sofá da minha mãe naquele verão, olhando para o nada, contemplando o interminável e incompreensível vazio onde antes ficava a amizade com Josh, quando tive a chocante percepção de que, se não havia motivo para fazer qualquer coisa, também não havia motivo para *não* fazer. Percebi que em face da inevitabilidade da morte não existe motivo algum para ceder ao medo, ao constrangimento ou à vergonha, já que tudo isso não passa de um monte de nadas. Ao passar a maior parte da minha curta vida evitando o que era doloroso e desconfortável, eu tinha essencialmente evitado estar vivo.

Naquele verão, larguei a maconha, os cigarros e os videogames. Deixei para trás as fantasias idiotas de ser um astro do rock, abandonei a escola de música e me candidatei a algumas universidades. Comecei a malhar e emagreci muito. Fiz novos amigos. Comecei a namorar. Pela primeira vez na vida eu estudava para as aulas, notando, surpreso, que conseguia tirar boas notas se me esforçasse. No verão seguinte, me desafiei a ler cinquenta livros de não ficção em cinquenta dias, e consegui. No ano seguinte, pedi transferência para uma excelente universidade do outro lado do país, onde me destaquei pela primeira vez, tanto acadêmica quanto socialmente.

A morte de Josh marca o ponto antes/depois mais claro que consigo identificar na minha vida. Antes dessa perda eu era inibido, não tinha ambição, estava sempre obcecado e controlado pelo que imaginava que o mundo pensava de mim. Depois da tragédia, me tornei uma nova pessoa: responsável, curioso, trabalhador. Eu ainda tinha minhas inseguranças e trazia comigo bagagem emocional — como todos —, mas passei a ligar para algo mais importante do que as minhas inseguranças e meu passado. E isso fez toda a diferença. Por mais estranho que pareça, foi a morte de outra pessoa que me deu permissão para finalmente viver. E talvez o pior momento da minha vida também tenha sido o mais transformador.

A morte assusta. É por isso que evitamos pensar nela, falar dela, às vezes até reconhecê-la, mesmo quando acontece com alguém próximo.

Só que, de uma maneira bizarra e invertida, a morte é a luz pela qual a sombra de todo o significado da vida é mensurada. Sem a morte, nada teria importância, todas as experiências seriam arbitrárias, todas as medidas e todos os valores seriam reduzidos a zero num instante.

Algo além de nós

Ernest Becker era um acadêmico marginalizado. Em 1960, obteve seu ph.D. em antropologia; sua tese de doutorado comparou as práticas estranhas e pouco convencionais do zen-budismo e da psicanálise. Na época, o budismo era visto como algo para hippies e viciados em drogas, e a psicanálise freudiana era considerada uma forma charlatã de psicologia da Idade da Pedra.

Em seu primeiro trabalho como professor-assistente, Becker logo entrou para um grupo que denunciava a prática da psiquiatria como uma forma de fascismo. Eles a viam como uma abordagem leiga de opressão contra os fracos e indefesos.

O problema era que o chefe de Becker era psiquiatra. Então, foi meio como entrar no seu primeiro emprego e orgulhosamente comparar o seu chefe a Hitler.

Como você pode imaginar, Becker foi demitido.

O jeito foi levar suas ideias radicais para onde seriam aceitas: Berkeley, Califórnia. Mas isso também não durou muito.

Porque não eram apenas as tendências dissidentes que causavam problemas para Becker, mas também o seu método de ensino peculiar. Ele usava Shakespeare para ensinar psicologia, livros didáticos de psicologia para ensinar antropologia e dados antropológicos para ensinar sociologia. Ele se fantasiava de rei Lear e simulava lutas de espadas em sala de aula, fazia longos discursos políticos que tinham pouco a ver com o plano de aula. Seus alunos o adoravam. O corpo docente sentia o oposto. Menos de um ano depois, ele foi demitido de novo.

Então Becker chegou à Universidade Estadual de São Francisco, onde manteve o cargo por mais de um ano. Quando começaram os protestos estudantis contra a Guerra do Vietnã, no entanto, a universidade convocou a Guarda Nacional e as coisas ficaram violentas. Quando Becker tomou o partido dos alunos e condenou publicamente as ações do reitor (de novo seu chefe era uma espécie de Hitler coisa e tal), ele foi mais uma vez demitido.

Becker mudou de emprego quatro vezes em seis anos. E, antes que fosse demitido do quinto, teve câncer colorretal. O prognóstico era ruim. Ele passou os anos seguintes na cama, com poucas chances de sobreviver. Então decidiu escrever um livro. Falaria sobre a morte.

Becker morreu em 1974. *A negação da morte* ganhou o Prêmio Pulitzer e se tornou uma das obras intelectuais mais influentes do século XX, abalando os campos da psicologia e da antropologia, ao mesmo tempo fazendo profundas afirmações filosóficas que continuam relevantes hoje em dia.

A negação da morte defende dois pontos:

1. Os seres humanos são os únicos animais capazes de formar conceitos e pensar sobre si mesmos de maneira abstrata. Cachorros não ficam se preocupando com a carreira. Gatos não pensam em seus erros do passado nem se perguntam o que teria acontecido se tivessem feito algo diferente. Macacos não discutem as possibilidades do futuro, assim como peixes não ficam por aí questionando se os outros peixes gostariam mais deles caso tivessem barbatanas mais longas.

   Nós, humanos, somos abençoados com a capacidade de nos imaginar em situações hipotéticas, contemplar tanto passado quanto futuro, imaginar outras realidades ou situações em que as coisas poderiam ser diferentes. E é por causa dessa habilidade mental única, diz Becker, que todos nós, em algum momento, tomamos conhecimento da inevitabilidade da própria morte. Como somos capazes de imaginar versões alternativas da realidade, também somos a única espécie que consegue imaginar uma realidade da qual não fazemos parte.

   Essa percepção causa o que Becker chama de "pavor da morte", uma profunda ansiedade existencial que serve de base para *tudo* que pensamos e fazemos.

2. O segundo ponto de Becker começa com a premissa de que temos dois "eus". O primeiro é o eu físico — aquele que come, dorme, ronca e faz cocô. O segundo é o eu conceitual — a nossa identidade, ou a forma como nos vemos.

   O argumento de Becker é o seguinte: todos sabemos que o eu físico vai acabar morrendo e que a morte é inevitável, e essa inevitabilidade — em algum nível inconsciente — nos mata de medo. Portanto, para compensar o medo da inevitável perda do eu físico, tentamos construir um eu conceitual, que viverá para sempre. É por isso que as pessoas se esforçam tanto para colocar seu nome em prédios, estátuas e lombadas de livros. É por isso que nos sentimos impelidos a dedicar tanto tempo aos outros, especialmente às crianças, na esperança de que a nossa influência — nosso eu conceitual — dure muito mais que o físico; na esperança de que seremos lembrados, reverenciados e idolatrados muito depois que o nosso eu físico deixar de existir.

Becker chamou esses esforços de nossos "projetos de imortalidade", aqueles que permitem que o eu conceitual continue vivo muito depois da nossa morte física. Toda a civilização humana, diz ele, é basicamente o resultado de inúmeros projetos de imortalidade: cidades, governos, estruturas e autoridades que existem hoje já foram projetos de imortalidade de mulheres e homens que vieram antes de nós. São o que restou de seres conceituais que não morreram. Nomes como Jesus, Maomé, Napoleão e Shakespeare são tão poderosos hoje quanto eram quando essas pessoas estavam vivas, se não mais. E esse é o objetivo principal. Seja ao dominar uma forma de arte, conquistar uma nova terra, obter riquezas ou simplesmente ter uma família grande e amorosa que continuará a existir por gerações, *todo o significado da vida humana é moldado por esse desejo inato de nunca morrer.*

Religião, política, esportes, arte e inovações tecnológicas são o resultado dos projetos de imortalidade das pessoas. Becker argumenta que guerras, revoluções e genocídios ocorrem quando os projetos de imortalidade de um grupo de pessoas colidem com os de outro. Séculos de opressão e o derramamento de sangue de milhões de pessoas foram justificados como sendo uma defesa do projeto de imortalidade de um grupo em detrimento de outro.

Mas quando os nossos projetos de imortalidade fracassam, quando o significado se perde, quando a perspectiva de que o nosso eu conceitual sobreviva ao físico não parece mais possível ou provável, o pavor da morte — essa ansiedade horrível e deprimente — volta. Isso pode ser causado por um trauma ou por vergonha e ridicularização social. E também, como assinala Becker, por uma doença mental.

Caso ainda não tenha percebido, nossos projetos de imortalidade são os valores. Eles são o barômetro do significado e do valor da vida. Quando esses valores falham, nós também falhamos, em termos psicológicos. O que Becker diz, em resumo, é que o medo impulsiona as pessoas a se importarem demais, porque se importar com alguma coisa é a única forma de se distrair da realidade implacável da morte. E estar pouco se fodendo para tudo é alcançar um estado quase espiritual de aceitação da efemeridade da própria existência. Nessa condição é muito menos provável ser dominado por várias formas de arrogância.

Mais tarde, em seu leito de morte, Becker teve uma percepção surpreendente: os projetos de imortalidade das pessoas eram o problema, não a solução; em vez de tentar impor, muitas vezes à força, seu eu conceitual ao mundo, as pessoas deveriam questionar esse eu e se sentir mais à vontade com a realidade da morte. Becker chamou isso de "o antídoto amargo", e tentou ele mesmo aceitá-lo enquanto contemplava o próprio fim. Embora a morte seja ruim, ela é inevitável. Então, não devemos evitar essa verdade, e sim aceitá-la da melhor forma que pudermos. Porque, quando nos sentimos confortáveis com o fato de que vamos morrer — o terror essencial e a ansiedade subjacente que motivam todas as ambições frívolas da vida —, podemos escolher nossos valores mais livremente, sem as restrições causadas por uma busca ilógica pela imortalidade, ficando assim liberados de perigosas visões dogmáticas.

O lado bom da morte

Avanço de pedra em pedra, subindo com passos firmes, com os músculos das pernas tensos e doloridos. Naquele estado de quase transe derivado de um esforço físico lento e repetitivo, vou chegando ao topo. O céu parece grande e profundo. Estou sozinho agora. Meus amigos estão muito abaixo de mim, tirando fotos do mar.

Finalmente, ultrapasso uma rocha e a vista se abre. Dá para ver até o horizonte infinito. É como se eu estivesse na borda da terra, onde a água encosta no céu, azul sobre azul. O vento sopra forte em minha pele. Eu olho para cima. É claro. É lindo.

Estou no Cabo da Boa Esperança, na África do Sul, antes considerado a ponta meridional da África e o ponto mais a sul do mundo. É um lugar violento, cheio de tempestades e águas traiçoeiras. Um lugar que viu séculos de tráfico, comércio e esforço humanos. Um lugar, ironicamente, de esperanças perdidas.

Quando dizemos que alguém está dobrando o Cabo da Boa Esperança, ironicamente isso significa que a vida dessa pessoa está em sua fase final, que ela não tem mais como realizar nada.

Eu ultrapasso as pedras em direção ao azul, deixando a vastidão engolfar meu campo de visão. Estou suando, mas sinto frio. Empolgado, mas nervoso. *É isso?*

O vento bate contra os meus ouvidos. Não escuto nada, mas vejo a borda: onde a pedra encontra o nada. Paro e fico ali por um instante, a vários metros de distância. Vejo o mar lá embaixo, batendo e espumando contra os penhascos que se estendem por quilômetros de ambos os lados. As marés se chocam furiosas contra as paredes impenetráveis. Bem à frente, a queda é de no mínimo cinquenta metros até a água.

Lá embaixo, à minha direita, turistas pontilham a paisagem, tirando fotos e se juntando em formações quase como um formigueiro. À minha esquerda está a Ásia. Diante de mim, o céu, e atrás está tudo o que já sonhei e trouxe comigo.

E se for isso? E se isso for tudo o que existe?

Eu olho em volta. Estou sozinho. Dou o primeiro passo em direção ao penhasco.

O corpo humano parece vir equipado com um radar natural para situações que envolvem risco de morte. Por exemplo, no instante em que você chega a uns três metros da borda de um penhasco sem proteção, certa tensão começa a percorrer seu corpo. Suas costas se enrijecem. Sua pele se arrepia. Seus olhos ficam hiperfocados em cada detalhe do ambiente. Parece que seus pés são feitos de pedra. É como se houvesse um grande ímã invisível puxando seu corpo de volta para a segurança.

Mas eu luto contra o ímã. Arrasto meus pés pesados para mais perto da borda.

A um metro e meio de distância, a mente se junta à festa. Agora dá para ver não só a borda do penhasco, mas o *próprio* penhasco, o que induz todo tipo de visualizações indesejadas de tropeções e queda e de se precipitar para uma morte catastrófica. É alto para cacete, sua mente ressalta. Tipo, alto para *cacete mesmo. Cara, o que você está fazendo? Pare. Volte.*

Mando meu cérebro calar a boca e continuo avançando.

A menos de um metro, seu corpo entra em alerta vermelho total. Agora basta um tropeço no cadarço para dar fim à sua vida. Parece que uma rajada de vento forte pode jogá-lo naquela eternidade azul bipartida. As pernas tremem. As mãos. A voz, caso você precisar lembrar a si mesmo em alto e bom som de que não está a ponto de cair para a morte.

A distância de um metro é o limite absoluto da maioria das pessoas. É próximo o suficiente para se inclinar para a frente e ver a base, mas ainda longe o bastante para sentir que você não corre nenhum risco real de se matar. Ficar tão perto da borda de um penhasco, mesmo um tão lindo e fascinante como o do Cabo da Boa Esperança, causa uma sensação de vertigem e de que você vai regurgitar qualquer refeição recente.

É isso? Isso é tudo que existe? Já sei tudo que vou saber?

Dou outro micropasso, e mais outro.

Agora são sessenta centímetros.

Minha perna treme quando apoia o peso do corpo. Eu me arrasto para a frente. Contra o ímã. Contra minha mente. Contra meus instintos de sobrevivência.

Faltam trinta centímetros. Agora olho diretamente para a face do penhasco. Sinto uma vontade repentina de chorar. Meu corpo instintivamente se encolhe, protegendo-se de algo imaginário e inexplicável. O vento é mais forte do que nunca. Os pensamentos são cruzados de direita no meio da cara.

A trinta centímetros, você se sente flutuar. Se não olhar para baixo, parece que faz parte do céu. A essa altura, você espera cair.

Fico ali agachado por um momento, recuperando o fôlego, organizando meus pensamentos. Eu me forço a olhar para a água batendo nas pedras lá embaixo. Então olho outra vez para a direita, para as formiguinhas andando, tirando fotos, correndo para ônibus turísticos, pensando na chance improvável de que alguém me veja. Esse desejo por atenção é completamente irracional, mas tudo o que estou passando também é. É impossível que alguém me veja aqui em cima, é claro. E, mesmo que não fosse, aquelas pessoas distantes não poderiam dizer nem fazer nada.

Só ouço o vento.

É isso?

Meu corpo estremece, o medo se torna euforia e ofuscação. Eu me concentro e limpo a mente, em uma espécie de meditação. Nada nos deixa presentes e conscientes como estar a poucos centímetros da morte.

Eu me endireito, olho para a frente outra vez e me pego sorrindo. Lembro a mim mesmo que morrer não é um problema.

Essa interação intencional e até exuberante com a própria mortalidade tem raízes antigas. Os estoicos da Grécia e da Roma antigas imploravam às pessoas que tivessem a morte sempre em mente, de forma a apreciar a vida e permanecer humildes diante das adversidades. Em várias formas de budismo, a prática da meditação é ensinada como um meio de se preparar para a morte em vida. Dissolver o ego em um grande nada — alcançar o estado iluminado do nirvana — é visto como um teste para a passagem ao outro lado. Até Mark Twain, aquele maluco cabeludo que chegou e foi embora no Cometa Halley, disse: "O medo da morte vem do medo da vida. Um homem que vive plenamente está preparado para morrer a qualquer momento."

De volta ao penhasco, eu me abaixo e me inclino para trás. Coloco as mãos no chão atrás de mim e me sento lentamente. Depois passo uma perna pela borda do penhasco. Há uma pequena protuberância na lateral. Apoio o pé nela. Então passo o outro pé pela borda e o apoio na mesma pedra. Fico ali sentado por um tempo, apoiado nas palmas das mãos, o vento bagunçando o meu cabelo. Agora a ansiedade é suportável, desde que eu permaneça focado no horizonte.

Então me endireito e olho o precipício de novo. O medo dispara pela minha coluna, eletrizando braços e pernas e fazendo meu cérebro focar nas coordenadas exatas de cada centímetro do meu corpo. Em dados momentos o medo é sufocante. Mas, cada vez que isso acontece, esvazio a mente, concentro a atenção no fundo do penhasco, me forço a olhar para a minha potencial morte e simplesmente reconheço a sua existência.

Eu estava sentado à beira do mundo, na ponta mais meridional da esperança, na porta de entrada para o Oriente. Uma sensação incrível. Sinto a adrenalina pulsar pelo meu corpo. Ficar tão quieto, tão consciente, nunca foi tão emocionante. Escuto o vento, observo o mar e olho para os confins da terra — então rio por causa da luz, e tudo que ela toca é bom.

Enfrentar a realidade da nossa mortalidade é importante porque elimina todos os valores ruins, frágeis e superficiais da vida. Enquanto a maioria das pessoas passa os dias buscando um pouco mais de dinheiro, ou um pouco mais de fama e atenção ou um pouco mais de certeza de que está certa ou é amada, a morte nos confronta com uma questão muito mais dolorosa e importante: qual é o seu legado?

Que marca você deixará ao partir? Terá tornado o mundo diferente e melhor? Qual influência terá causado? Dizem que o bater de asas de uma borboleta na África pode causar um furacão na Flórida; pois bem, que furacão sua passagem pelo mundo causará?

Como Becker destacou, esta é a *única* questão verdadeiramente importante da vida, mas evitamos pensar nela. Primeiro, porque é difícil. Segundo, porque é assustador. E terceiro, porque não sabemos o que estamos fazendo.

E quando evitamos essa questão, deixamos valores triviais e odiosos dominarem nosso cérebro e assumirem o controle de nossos desejos e ambições. Se não reconhecemos o olhar sempre presente da morte, o superficial parece importante e o importante parece superficial. A morte é nossa única certeza. Portanto, deve ser a bússola pela qual orientamos todos os nossos valores e decisões. A morte é a resposta certa para todas as perguntas que devemos fazer, mas nunca fazemos. O único jeito de se sentir confortável com ela é se ver como algo maior que você mesmo; escolher valores que não servem só aos seus interesses, valores que sejam simples, imediatos, controláveis e tolerantes ao mundo caótico que o rodeia. Esta é a raiz da felicidade. Esteja você dando ouvidos ao que diz Aristóteles, os psicólogos de Harvard, Jesus Cristo ou os Beatles, todos pregam que a felicidade advém da mesma coisa: se importar com algo maior do que você, acreditar que você é um componente que contribui para um contexto muito maior, que a sua vida não passa de parte do processo de uma grande produção ininteligível. É para ter essa sensação que as pessoas vão à igreja; é por isso que lutam em guerras; é por ela que criam famílias, economizam aposentadorias, constroem pontes e inventam celulares: por essa sensação fugaz de fazer parte de algo maior e mais misterioso do que elas.

A arrogância tira isso de nós. A gravidade dessa postura atrai toda a atenção para dentro, para nós mesmos, fazendo parecer que *nós* estamos no centro de todos os problemas do universo, que *nós* somos os únicos que sofrem todas as injustiças, que somos *nós* que merecemos a grandeza, e não os outros.

Por mais atraente que seja, a arrogância nos isola. A nossa curiosidade e empolgação pelo mundo se vira contra si mesma e reflete nossos preconceitos e projeções em todas as pessoas que conhecemos, em todos os eventos que vivenciamos. Isso é sexy e sedutor. Pode ser agradável por um tempo e vende muitos ingressos, mas é um veneno espiritual.

São essas dinâmicas que nos afligem hoje em dia. Estamos muito bem no plano material, mas também, de inúmeras maneiras baixas e superficiais, muito atormentados no psicológico. As pessoas renunciam a todas as responsabilidades, exigindo que a sociedade cuide dos *seus* sentimentos e sensibilidades. As pessoas se apegam a certezas arbitrárias e tentam impô-las aos outros, muitas vezes com violência, em nome de alguma causa justa imaginária. Eufóricas por uma sensação de falsa superioridade, as pessoas caem na inércia e na letargia por medo de tentar e fracassar em algo que valha a pena.

A mente moderna, mimada, resultou em indivíduos que se sentem merecedores de algo sem se esforçar, que sentem ter direito a algo sem se sacrificar. As pessoas se declaram especialistas, empresários, inventores, inovadores e treinadores sem qualquer experiência real de vida. Não fazem isso porque realmente se *acham* melhores que os outros; fazem porque acham que *precisam ser incríveis* para serem aceitos em um mundo que só divulga o extraordinário.

A nossa cultura atual confunde atenção com sucesso, presumindo que são a mesma coisa. Mas não são.

Você já *é* incrível, perceba você ou não. Mesmo que os outros não percebam. Não porque lançou um aplicativo para iPhone, terminou a faculdade um ano antes ou comprou um barco sensacional. Essas coisas não definem a grandeza.

Você já é incrível porque mesmo diante da confusão infinita e da morte certa, continua a escolher com o que se importa ou não. Esse simples fato, essa simples maneira de escolher quais serão seus valores na vida, já faz de você um indivíduo lindo, já o torna bem-sucedido, e já o torna amado. Mesmo que você não perceba. Mesmo que esteja dormindo na sarjeta e morrendo de fome.

Você também vai morrer, mas só porque teve a sorte de viver. Pode não sentir isso agora, mas experimente ficar na beira de um penhasco algum dia e talvez consiga.

Bukowski escreveu: "Todos vamos morrer, todos nós. Que circo! Só isso deveria nos fazer amar uns aos outros, mas não. Ficamos apavorados e somos esmagados pelas trivialidades da vida; somos consumidos pelo nada."

Relembro aquela noite no lago, quando vi o corpo do meu amigo Josh ser tirado da água pelos paramédicos. Lembro que olhei para a noite preta do Texas e vi meu ego se dissolver lentamente nela. A morte de Josh me ensinou muito mais do que percebi a princípio. Sim, me ajudou a aproveitar o dia, a assumir a responsabilidade pelas minhas escolhas e a buscar meus sonhos com menos vergonha e inibição.

Mas essas foram consequências de uma lição mais profunda e fundamental. Que foi a seguinte: não há nada a temer. Nunca. E pensar na minha própria morte ao longo dos anos — seja através da meditação, lendo filosofia ou fazendo uma loucura como ficar na beira de um penhasco na África do Sul — foi a única coisa que me ajudou a manter essa lição em mente. Essa aceitação da finitude, essa compreensão da minha própria fragilidade tornou tudo mais fácil. Esclarecer a origem dos meus vícios, identificar e enfrentar minha arrogância, aceitar a responsabilidade pelos meus problemas, vencer meus medos e incertezas, admitir meus fracassos e aceitar rejeições: tudo ficou mais leve por causa da minha clareza sobre a morte. Quanto mais olho para a escuridão, mais clara a vida fica, quanto mais quieto o mundo se torna, menos resistência inconsciente sinto em relação a... tudo.

Fico ali sentado no Cabo por alguns minutos, absorvendo tudo. Quando finalmente decido me levantar, coloco as mãos para trás e me arrasto. Lentamente levanto. Verifico o chão ao redor em busca de qualquer pedra solta pronta para me sabotar. Reconhecendo que estou seguro, começo a voltar para a realidade — um metro, um metro e meio —, meu corpo vai se restaurando a cada passo. Meus pés ficam mais leves. Deixo o ímã da vida me puxar.

Quando passo por cima de algumas pedras, de volta à trilha principal, ergo o rosto e vejo um homem me olhando. Eu paro e o encaro.

— Hum. Eu vi você sentado lá na borda — diz ele.

Sotaque australiano. Ele aponta para a Antártica.

— É. A vista é maravilhosa, não é?

Eu sorrio. Ele, não. Está com uma cara séria.

Limpo as mãos na bermuda, ainda com o corpo vibrando por causa da entrega que tinha acabado de vivenciar. Faz-se um silêncio constrangedor.

O australiano fica ali parado por um instante, perplexo, ainda me olhando. Depois de um momento, ele acha as palavras:

— Está tudo bem? Como você está?

Faço uma pausa, ainda sorrindo.

— Vivo. Muito vivo.

O ceticismo dele enfim cede e abre caminho para um sorriso. Ele assente de leve e começa a percorrer a trilha. Fico lá em cima, olhando a vista, esperando meus amigos chegarem ao topo.

Agradecimentos

Este livro estava uma bagunça no início e precisava de mais que apenas minhas mãos para virar algo compreensível.

Antes de tudo, agradeço a minha brilhante e linda esposa, Fernanda, que nunca hesita em me dizer "não" quando mais preciso. Além de me tornar uma pessoa melhor, seu amor incondicional e seu feedback constante durante o processo de escrita foram indispensáveis.

A meus pais, por aturarem minhas palhaçadas todos esses anos e continuarem a me amar mesmo assim. Acho que só me tornei completamente adulto depois que entendi vários conceitos deste livro. Nesse sentido, foi uma alegria conhecer vocês na condição de adulto nos últimos anos. Meu irmão também: nunca duvido do amor e do respeito mútuos que existem entre nós, mesmo que às vezes eu fique triste por você não responder às minhas mensagens.

A Philip Kemper e Drew Birnie, dois cérebros incríveis que conspiram para fazer o meu parecer muito melhor do que é na verdade. O empenho e a inteligência de vocês sempre me deixam perplexo.

A Michael Covell, por testar meus limites intelectuais, principalmente quando o assunto é entender pesquisas no campo da psicologia, e por sempre confrontar as minhas suposições. A meu editor, Luke Dempsey, por aprimorar minha escrita de forma implacável e por, talvez, falar ainda mais palavrões que eu. A minha agente, Mollie Glick, por me ajudar a definir o conceito do livro e por levá-lo a lugares muito mais distantes do que imaginei. A Taylor Pearson, Dan Andrews e Jodi Ettenburg, por seu apoio durante todo o processo; vocês três mantiveram minha sanidade e responsabilidade, as duas únicas coisas de que um escritor precisa.

E, finalmente, aos milhões de pessoas que, seja lá por quê, decidiram ler um idiota desbocado de Boston que escreve sobre a vida em um blog. A enxurrada de e-mails que recebi de alguns de vocês, dispostos a abrir os cantos mais íntimos da sua vida para mim, um completo desconhecido, é ao mesmo tempo uma honra e uma inspiração. A esta altura da vida, já passei milhares de horas lendo e estudando esses assuntos, mas vocês continuam sendo minha verdadeira fonte de aprendizado. Obrigado.

© Fernanda Neute

MARK MANSON não tem meandros ou meias palavras. Com um estilo honesto, divertido e incrivelmente perspicaz, ele se tornou popular escrevendo em seu blog o que as pessoas realmente precisam ouvir, pois só isso funciona para nos fazer evoluir pessoal e profissionalmente. O autor mora em Nova York, nos Estados Unidos.

1ª edição	FEVEREIRO DE 2019
impressão	GEOGRÁFICA
papel de miolo	PÓLEN SOFT 70G/M²
papel de capa	CARTÃO SUPREMO ALTA ALVURA 250G/M²
tipografia	ADOBE GARAMOND